Heinz Ohff

HEINRICH VON KLEIST

Heinz Ohff

HEINRICH VON KLEIST

Ein preußisches Schicksal

Mit 31 Abbildungen im Text

Piper
München Zürich

ISBN 3-492-04651-7
© Piper Verlag GmbH, München 2004
Satz: Satz für Satz. Barbara Reischmann, Leutkirch
Druck und Bindung: Pustet, Regensburg
Printed in Germany

www.piper.de

Inhalt

Der eine Kleist

Am 24. Oktober 1648 beendet der Westfälische Friede den Dreißigjährigen Krieg. Vorbei sind drei Jahrzehnte, in denen die größeren wie die kleineren, die katholischen wie evangelischen Staaten in deutschen Landen völlig zerstört und verwüstet wurden.

Sehr schwer hatte es auch den Brandenburger Kurfürsten Georg Wilhelm getroffen, und so hatte er schon acht Jahre zuvor, aus Verzweiflung oder Unvermögen, zugunsten seines Sohnes auf seine Herrschaft verzichtet. Dieser Sohn, Friedrich Wilhelm, ist zwar erst zwanzig Jahre alt, aber bereits ein souveräner Landesherr, der fast den ganzen Dreißigjährigen Krieg in den Niederlanden verfolgt und als eine Art Lehrzeit betrachtet hat. Sehr bald wird er seine Überlegenheit auf dem Schlachtfeld von Fehrbellin beweisen. Er, der als der »Große Kurfürst« in die Geschichte eingeht, ist auch einer der ersten Mäzene Berlins, der brandenburgischen Hauptstadt. Ein halbes Jahrhundert lang regiert er ein Land, das ohne ihn kaum zu einer der wichtigsten mitteleuropäischen Großmächte geworden wäre.

Der französische Diplomat Graf Hauterive bescheinigt dem Großen Kurfürsten durchaus zu Recht, »daß nichts auf dem Kontinent sich ereignen konnte, das ihn nicht angegangen wäre, und daß kein politischer Vorgang von einer gewissen Bedeutung ohne seine Beteiligung teilhaben durfte«.

Was dieser Landesherr stets für das Wertvollste hielt, war der Einbezug von Menschen, und Menschen sind für Brandenburg und Preußen immer das Wichtigste geblieben. Noch König Friedrich Wilhelm I. wird später in seinem Testament betonen: »Menschen halte ich vor den größten Reichtum!« Flüchtlinge, aus religiösen oder anderen Gründen Verfolgte, werden immer und gerne in Preußen aufgenommen, unter dem Großen Kurfürsten die Hugenotten, denen er das Asylrecht in zweisprachiger Fassung, deutscher und französischer, anbot.

Nicht minder bedeutsam für die Entwicklung seines Landes ist die Begründung eines stehenden Heeres: »Alliancen seindt zwahr gutt, aber eigene Kräfte noch besser, darauff kan man sich stets sicherer verlassen«, vermerkt noch sein Testament.

Daß man erst nach drei Kriegsjahrzehnten auf den Gedanken kommt, das Militär zu einem mehr oder weniger festen Bestandteil des jeweiligen Staates zu machen, klingt beinahe unwahrscheinlich. Auf eine derartige Regelung muß man schon lange gewartet haben. Auch die Brandenburger, die sich jetzt nach dem slawischen Herzogtum Pruhsen »Preußen« nennen. Aus diesen Gebieten strömen nach dem Westfälischen Frieden und nach der Einführung des Militärs als offizielle Staatssoldaten ganze Familien nach Brandenburg. Die zukünftigen Rekruten und Generäle haben auch bald einen Namen, bezeichnenderweise einen deutschen: man nennt sie »Kleist«.

Es werden nicht alle Mitglieder einer umfangreichen Familie gewesen sein, eher wohl so etwas wie große Lebensgemeinschaften, zumindest versuchen sie als »Kleiste« in diesem neuen Land Preußen Karriere zu machen.

So führen in der preußischen Armee im Jahr 1806 nicht weniger als fünfzig Offiziere den Namen Kleist, und am Ausgang des 18. Jahrhunderts sind es immer noch sechzehn Offiziere dieses Namens, die es bis zur Spitze, zum Marschall oder General, bringen.

Es gab aber auch Klagen in diesem neuen Berufsheer, in erster Linie über den geringen Sold, der es dem einfachen Soldaten unmöglich machte, eine eigene Familie zu gründen. So kann das Leben für die Kleiste nicht immer einfach gewesen sein, zumal als sie für ihr späteres Leben höhere Ziele anstreben wie beispielsweise eine akademische Laufbahn. Es gibt indes auch Offiziere, die sich mit dem mageren Sold zufriedengeben und trotzdem ihrer Leidenschaft frönen können: der Freude am Dichten.

Etwa jener Kleist, den seine Zeit für den größten aller Dichter hält. Die Rede ist nicht von Heinrich von Kleist, dem dieses Buch gilt, sondern von einem älteren Mitglied der Familie: Ewald Christian von Kleist. Der ist ein enger Freund Lessings, und sein achtundzwanzig Seiten langes Gedicht »Der Frühling« durfte in keinem Lesebuch fehlen. Trotzdem hat er es schwer, vom Einkommen durch die Armee und die Literatur zu leben, ist zu arm, um eine Familie zu gründen, und verbringt den größten Teil seines Lebens in Dänemark – das Los eines Kleist-Dichter-Secondelieutenants. Als einer der aus dem slawischen Dunkel hervorgegangenen »Kleists«, die in das erstarkte Königreich Preußen eingewandert sind, wird er in der Literaturgeschichte als Großonkel Heinrich von Kleists bezeichnet. Sie gehören tatsächlich zu einer Familie, wenngleich zweiundsechzig Jahre voneinander entfernt. Und der Großneffe verdankt seinem Vorgänger einiges, wenn dieser auch nach seinem Tod so gut wie in Vergessenheit gerät.

Das Wappen der Familie Kleist

Es ist der 12. August 1759. Kleist (Ewald Christian) ist aus Frankreich zurückgekehrt, und – dies sein eigener Kommentar – trotz aller »patriotischen Übertreibungen« der frühen Zeit Friedrichs des Großen ist »auch der Patriot bei mir nicht ganz erstickt«. Sein Regiment liegt vor Frankfurt an der Oder, am frühen Morgen gegen drei Uhr beginnt der Aufmarsch bei Kunersdorf in einer von Sumpfseen, Wasserläufen und Wäldern durchzogenen Ebene.

Kleist hat in der Nacht zuvor schlecht geträumt, aus bösen Vorahnungen bedenkt er seine Dichterfreunde Karl Wilhelm Ramler und Lessing vorab mit jeweils hundert Talern. Dessen ungeachtet hofft der alte Haudegen, »nach der Kampagne gleich nach Hause zu gehen«, wie er seinen Untergebenen erklärt mit der Kundgabe: »Wie will ich Kohl und Mohrrüben pflanzen und Allee und Hecken und Blumen!«

Seine außerordentliche Tapferkeit hatte ihn bisher alle Schlachten überstehen lassen. Sein Motto: »Unter König Friedrichs Augen zu siegen oder zu sterben«, mag nicht eben sehr phantasievoll oder poetisch sein, doch seiner Truppe gefällt es und seinem direkten Vorgesetzten, General von Finck, ebenso.

Finck hatte, schon etwas früher an diesem Morgen auf dem Schlachtfeld, die ersten Batterien der russischen Armee entdeckt und sofort angegriffen. Drei weitere Batterien eroberte Kleist, der sich dabei tiefe Quetschungen an allen Fingern der rechten Hand zuzog. Daß er wegen dieser Verwundung den Degen nun mit der linken, statt der rechten Hand führen muß, nimmt er, was typisch für ihn ist, mit Humor und Gelassenheit hin. Als Major hätte er nach derartigen Verletzungen durchaus einem Stellvertreter die weitere Verantwortung auf dem Schlachtfeld übergeben können. Nicht so Kleist. Er bleibt im Sattel, nicht aus mangelndem Vertrauen in seine Untergebenen, sondern weil er plötzlich den Kommandeur der Einheit neben ihm nicht mehr sieht. Am Abend, nach Abbruch der Feindseligkeiten, stellt sich dann heraus, daß der von einem Schrapnell getötet worden war.

Kleists Bataillon jagt auf seinen Befehl hin ein Bataillon österreichischer Grenadiere mit dem Bajonett in die Flucht, plötzlich aber sehen sich die Preußen einem gewaltigen Kanonenfeuer ausgesetzt. Wieder wird Kleist getroffen, von einer kleinen Kugel, diesmal in den linken Arm. Der Offiziersdegen entgleitet ihm, aber er kommandiert weiter und strebt jener Batterie entgegen, die ihm und seinem Bataillon so tiefe Wunden geschlagen hat. Dreißig Schritte etwa ist er noch vom Feind entfernt, doch die Artillerie ist schneller. Ein Kartätschenschuß der Österreicher zerschmettert Kleists rechts Bein.

Der Major fällt vom Pferd. Was er, wie Augenzeugen berichtet haben, wiederum eher für kurios, fast lächerlich und weniger für bedrohlich hält. Mehrfach versucht er, wieder in den Sattel zu gelangen. Vergeblich. Dann fällt er in Ohnmacht. Endlich bemerken zwei Soldaten seines Regiments sowie ein alter Freund einer anderen Kompanie seine Notlage, bringen den Bewußtlosen hinter die Front und suchen nach einem Arzt.

Die Alternative »Tod oder Leben« auf den Schlachtfeldern regiert nicht mehr so grausam wie noch vor wenigen Jahrzehnten. Friedrich II., der Große, hat dafür gesorgt, daß immer ärztliche Hilfe vorhanden war. Sie bleibt allerdings mehr als kläglich und kann sich nur um einen Bruchteil der Verletzten kümmern. Die drei Kameraden mit dem zusammengeschossenen Major Kleist haben Glück, zumindest scheint es zunächst so, denn auf einer Wiese entdecken sie das provisorische Zelt eines Feldschers.

Der junge Arzt ist gerade dabei, die Wunden Kleists mit Spiritus zu säubern, als ihn ein aus dem Unterholz abgefeuerter Schuß niederstreckt. Die Kugel trifft den Arzt direkt in den Kopf, und er ist auf der Stelle tot. Woraufhin die drei Hilfsträger in Panik die Flucht ergreifen und Kleist bewußtlos, zeitweise aus der Ohnmacht erwachend und in großen Schmerzen, hilflos zurücklassen. Schmerz hatte früher schon in vielen seiner Verse eine Rolle gespielt:

> Wohin verführt mich der Schmerz!
> Weicht, weicht ihr traurigen Bilder ...

heißt es einmal im »Frühling«, seinem Hauptwerk.

Am Abend kommen die Kosaken, um die Toten zu plündern. Sie hätten Kleist erschlagen, wenn er nicht geistesgegenwärtig und in wachem Zustand polnisch mit ihnen gesprochen hätte, das er so fließend beherrscht, daß sie ihn für einen Polen halten und am Leben lassen. Aber sie nehmen ihm alles, was er noch hat, reißen ihm Hemd, Hut, Uniform, sogar die Perücke von Leib und Kopf, werfen ihn nackt in den Sumpf und suchen das Weite. Später hat Kleist gesagt, er habe trotzdem so tief geschlummert wie selten zuvor.

Nachts finden ihn einige russische Husaren, denen der unbekleidete Feind leid tut. Sie entzünden in seiner Nähe ein wärmendes Feuer, richten ihm aus Stroh eine Art Lager her, bedecken ihn mit einem alten Mantel und geben ihm Brot und Wasser.

Noch immer nicht genug des »Schmerzes und der traurigen Bilder« kehren die Kosaken zurück, berauben ihn dieser wenigen Habseligkeiten, und wieder liegt Ewald Christian von Kleist splitternackt im Sumpf.

Erst am Vormittag des nächsten Tages wird er aus seiner mißlichen und schmählichen Lage errettet. Ein russischer Offizier namens Stackelberg kontrolliert die Lage nach der Schlacht von Kunersdorf – 6172 Gefallene beklagt allein Friedrich der Große, daß der König und ein Großteil der eigenen Armee sowie der Verbündeten fliehen kann, nennt er, nicht ganz zu Unrecht, »das Wunder des Hauses Brandenburg«. Der Große Friedrich zieht denn auch aus dieser Schlacht eine Lehre: Demnächst wird er mit den Russen ein Bündnis schließen; denn sie haben ihm im Sumpfboden von Kunersdorf am meisten zu schaffen gemacht. Mit einem besseren Bundesgenossen dürfte die nächste Schlacht siegreicher ausfallen. Herr von Stackelberg also, in russischer Uniform, entdeckt den hilflosen Major von Kleist und kümmert sich um den Schwerverwundeten. Es ist nie ganz klar geworden, ob aus Barmherzigkeit oder Kameradschaft, denn Stackelberg war früher einmal Hauptmann der preußischen Kavallerie. Vielleicht aber auch, daß er sich dafür bezahlen ließ. Viele der

»Abtrünnigen« haben sich damals auf solche Weise bereichert.

Der russische Offizier requiriert einen Wagen und bringt Kleist, auf langsamer Fahrt zwischen den ermüdeten abziehenden Truppen, nach Frankfurt an der Oder, wo er sofort dafür sorgt, daß die Wunden von einem Arzt fachgerecht versorgt werden. Die Nacht verbringt Kleist bei Stackelberg, bei dem am Morgen des nächsten Tages ein Mann erscheint, der deutlich macht, daß er ein größeres Recht auf den Dichter des »Frühling« hat (und der Herrn von Stackelberg womöglich für die Rettung und die Fahrt nach Frankfurt angeheuert und bezahlt hat).

Es handelt sich um Friedrich Nicolai, eine durchaus bekannte literarische Persönlichkeit, den wohl eifrigsten deutschsprachigen Buchverleger. In seiner Nicolaischen Buchhandlung erscheinen neben der »Bibliothek der schönen Wissenschaften und der freien Künste« die viel gelesenen vierundzwanzig Bände der »Briefe, die neueste Literatur betreffend« sowie eine kritische Zeitschrift »Allgemeine Deutsche Bibliothek«, die jedes Buch bespricht, das in deutscher Sprache erscheint – ein Kunststück, das Nicolai bisher niemand nachgemacht hat. Er ist kein einfacher Mensch, ist gegen die Dichter des »Sturm und Drang«, gegen Goethe, Schiller, Kant, Fichte, nennt nur Lessing und Moses Mendelssohn seine Freunde.

Nun tritt er Stackelberg gegenüber so auf, als sei Kleist sein Eigentum. Er nimmt ihn mit zu sich – des Krieges wegen hat er seinen Wohnsitz von Berlin in die Provinz verlagert, wo er in seinem Haus eine Art Lazarett mit Ärzten aus der Hauptstadt eingerichtet hat, so daß für die Genesung des Majors durchaus einige Hoffnung besteht.

In der Nacht vom 22. zum 23. August 1759 aber tritt etwas ein, womit niemand hätte rechnen können: Die zerschmetterten Knochen, so später die ärztliche Diagnose, sonderten sich voneinander ab und zerrissen eine Pulsader. Kleist verblutete, ehe noch ein Arzt zu Hilfe kommen konnte, und starb. Professor Friedrich Nicolai, damals sechsundzwanzig Jahre alt, drückte ihm die Augen zu.

Es war nicht lange her, daß Ewald Christian von Kleist sich lobend über ein ihm – etwas voreilig – von einem Bildhauer gewidmetes und aufgestelltes Denkmal geäußert hatte. Freund Lessing widersprach:

O Kleist! Dein Denkmal dieser Stein!
Du wirst des Steines Denkmal sein!

Woraufhin Kleist, der vielleicht schon ahnte, daß er und seine Poesie nicht überdauern würden, formulierte:

Das Lob war nicht zu groß, das mir
die Welt beschieden ...

Karl Friedrich Kretschmann, der bald gleichfalls von niemandem mehr gelesen wurde, widmete ihm als »Barde an dem Grabe des Majors Ewald Christian von Kleist« die Worte:

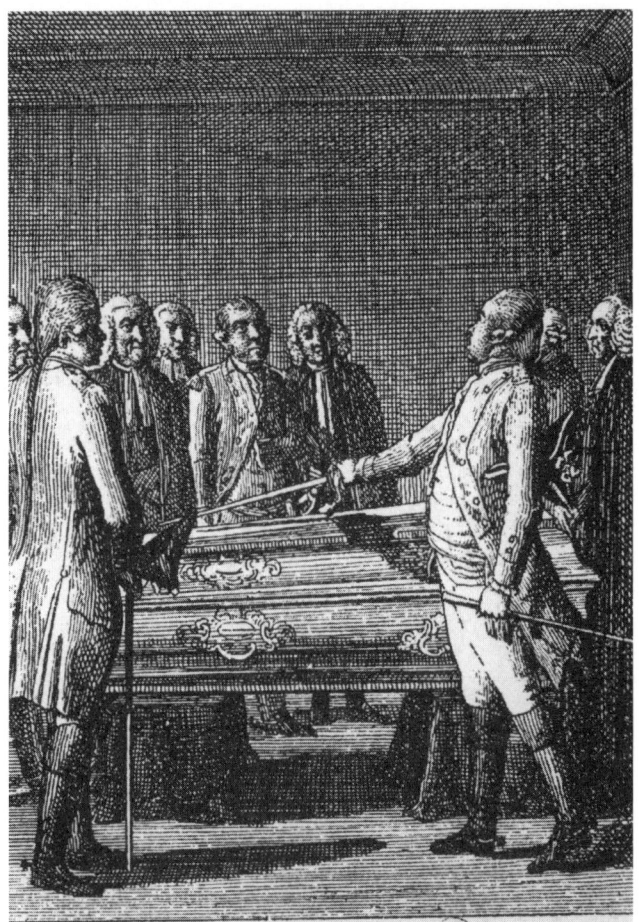

Kleist, nach seinem Tode von
Feinden geehrt. 1759.
Kleist, honoré après sa Mort
par les ennemis. 1759.

Radierung von Daniel Chodowiecki, 1786

O König, der so groß von Seele,
Groß im Gesang der Leyer ist:
Wie bald, daß man den Ort, wo
dein Gefallner schlummert,
(O Schande!) ganz vergißt!

Die eigentliche große Zeit der Kleists steht noch bevor –
sie wird ganz und gar dem Großneffen gehören, der
mit Leben und Tod ähnlich umgeht wie sein Vorfahr,
hingegen damit ein paar Jahrhunderte überdauert.

Die Welt in beständiger Unbeständigkeit

Der neue und bedeutendere Dichter Kleist wird am 19. Oktober 1777 geboren und erhält die Namen Bernd Heinrich Wilhelm. Geburtsort ist Frankfurt an der Oder, jene sonderbare Stadt, in der jeder Einwohner mehrere Vornamen braucht, weil bei ihr Brandenburg, und Pommern, ein deutscher und ein slawischer Landesteil, zusammenstoßen. Der Ort ist stolz auf seine Vielseitigkeit. Er hat eine – wissenschaftlich allerdings nicht sehr hoch geschätzte – Universität sowie seit den Tagen des anderen Kleist eine in sich vorbildhafte Garnison.

Bernd Heinrich Wilhelm scheint von Anfang an kein Freund seiner Geburtsstadt, wie er auch die vielen Vornamen für überflüssig hält. Schon sehr jung teilt er seiner Braut mit, Heinrich zu heißen und nichts anderes. Er kann ziemlich ruppig werden, wenn ihn jemand trotzdem Bernd oder Wilhelm nennt.

Die zwischen Militär und Gelehrsamkeit schwankende Frankfurter Welt ist von einer gewissen Unbeständigkeit geprägt. Heinrichs Vater, Joachim Friedrich von Kleist, ist zwar der führende Bataillonskommandeur von Frankfurt/Oder, seine ungemein vielköpfige

Kleists Geburtshaus in Frankfurt an der Oder

Familie, die aus zwei Ehen hervorgegangen ist, kann er jedoch nur mühsam ernähren.

Aus erster Ehe stammen zwei Mädchen, Wilhelmine 1772 und Ulrike 1774 geboren, von denen die letztere Halbschwester Heinrichs Lieblingsschwester ist und bleibt.

In zweiter Ehe heiratet der Hauptmann von Kleist eine Juliane Ulrike von Pannwitz, die die Familie um weitere fünf Kinder bereichert, unter ihnen Heinrich

Der siebenjährige Heinrich von Kleist
mit seiner Mutter Juliane

sowie eine Friederike, eine Auguste und Leopold, Heinrichs einzigen Bruder, der es später zum Postmeister
von Stolp in Pommern bringt, eine durchaus einträg-
lich Pfründe.

Kleists Mutter ist achtzehn Jahre jünger als ihr Mann,
überlebt ihn aber um nur fünf Jahre. Sie stirbt im Jahr
1793. Da ist Heinrich längst – wie es sich in seiner
Familie gehört, seit seinem vierzehnten Geburtstag –
Soldat. Zu jener Zeit befindet er sich bei der Truppe,
die sich bei Frankfurt am Main mit den französischen
Revolutionsheeren herumschlägt. Die Preußen schik-
ken den jungen Mann, der noch kaum einer ist, zum

25

Begräbnis seiner Mutter nach Hause, wo eine Tante die Führung oder, besser gesagt, das häusliche Kommando übernommen hat.

Der Sechzehnjährige ist bereits ausgewachsen, fünf Fuß, vier Zoll groß, nicht ganz ein Meter sechzig nach unseren Maßen, mit jenem ovalen Gesicht, das viele Zeitgenossen etwas außergewöhnlich finden. Bei seinen Altersgenossen ist er nicht unbedingt beliebt, gilt aber als jemand, der seine Ansichten fast hypnotisch vortragen und durchsetzen kann. Darunter seinen selbstgewählten Wahlspruch »In mir ist nichts beständig als die Unbeständigkeit«. Ihm wird er ein Leben lang treu bleiben.

Das beweist er gleich auf der Heimreise, die er auf einem Postwagen zurücklegt. Er ist nicht der einzige auf dieser Fahrt. Sie gilt dann auch weniger einem verdienten Heimaturlaub als der Tatsache, daß man mit den Franzosen demnächst Frieden schließen wird. Heinrich fasziniert das Abenteuer einer seltenen Reise, wobei er Abenteuer, die er sich wahrscheinlich eher erwünscht als tatsächlich erlebt hat, höchst phantastisch im Logbuch der Reise festhält. So berichtet er von einem Straßenräuber, der angeblich auf den rückwärtigen Teil des Gefährts aufgesprungen sei, und den er mit Peitschenhieben vertrieben haben will. Wohl eine der frühen Geschichten, die dem jungen Fähnrich jene beständige Unbeständigkeit nahebringt, die ihn eines Tages zum Schriftsteller machen wird.

Oder zu einem Musikanten? Von Potsdam aus begibt sich Heinrich Kleist auf eine Harzreise mit seinen Kollegen, man finanziert den Ausflug, indem man abends in den Bergdörfern zum Tanz aufspielt. Tatsächlich versteht Kleist vortrefflich auf Klarinette und Flöte zu musizieren, er kann es mit jedem Berufsmusiker aufnehmen. Mit von der Partie ist auch sein lebenslanger Freund Ernst von Pfuel, der später einmal, in sehr schwieriger und heikler Zeit, preußischer Ministerpräsident sein wird. Es gibt im übrigen Zeitgenossen, die zwischen Pfuel und Kleist eine homoerotische Liebe vermuten.

Im anderen Frankfurt, der Stadt am Main, ist der Friedensschluß mit den Franzosen unterzeichnet. Als Kleist aus dem Harz zurückkommt, hat er sowohl die Offizierslaufbahn als auch die mit ihr einhergehende Sicherheit vergessen. Im Frieden besteht die Hauptbeschäftigung des Kasernenlebens aus endlosem Exerzieren. Noch schlimmer aber ist die Beteiligung am Krieg: schon der Fähnrich Kleist hat, im Garderegiment am Niederschlagen der Mainzer Jakobinerrepublik eingesetzt, seinen Abscheu vor derartigen Kämpfen geäußert und in einem Brief nach Hause geschrieben: »Gebe uns der Himmel nur Frieden, um die Zeit, die wir hier so unmoralisch töten, mit menschenfreundlicheren Thaten bezahlen zu können!«

Er ist nun – um in der militärischen Laufbahn eine Stufe aufzurücken – nach Potsdam kommandiert, wo unerbittlich exerziert wird, die jungen Rekruten »geschliffen« werden, wie es in der deutschen Soldatensprache seit Jahrhunderten heißt. Seinen Freunden gesteht Kleist, daß er sich heimlich längst mehr in der Universität aufhält als im Kasernenhof.

Kurz darauf und noch als Berufssoldat schreibt er zu diesem Thema das erste Gedicht, das erhalten geblieben ist. Es heißt: »Der höhere Frieden«.

Wenn sich auf des Krieges Donnerwagen
Menschen waffnen, auf der Zwietracht Ruf,
Menschen, die im Busen Herzen tragen,
Herzen, die der Gott der Liebe schuf:

Denk' ich, können sie doch mir nichts rauben,
Nicht den Frieden, der sich selbst bewährt,
Der dem Hasse wie dem Schrecken wehrt.

Nicht des Ahorns dunkeln Schatten wehren,
Daß er mich im Weizenfeld erquickt,
Und das Lied der Nachtigall nicht stören,
Die den stillen Busen mir entzückt.

Wenn sich auf des Krieges Donnerwagen
Menschen waffnen, auf der Zwietracht Ruf,
Menschen, die im Busen Herzen tragen,
Herzen, die der Gott der Liebe schuf.

Denk' ich, können sie doch mir nichts rauben,
Nicht den Frieden, der sich selbst bewährt ...

Diese Verse könnten durchaus von seinem Großonkel inspiriert sein. Preußisches Soldatentum gleicht nicht unbedingt roher Metzelei.

Als Heinrich dieses Gedicht niederschreibt, sitzt schon Friedrich Wilhelm III. auf dem preußischen Kö-

»Blick von den Haakwiesen auf die Stadt Frankfurt an der Oder«, Gouache von Johann Friedrich Nagel, um 1788

nigsthron. Er hat selbst, nachdem er einen Feldzug mitgemacht hat, ein Manifest geschrieben, das man nur als pazifistisch bezeichnen kann. Überdies befindet sich Königin Luise an seiner Seite als eine populäre Mitregentin. So wendet sich Heinrich an den König als höchste Instanz und erhält vom bürgerlichsten aller Hohenzollern tatsächlich den gewünschten Abschied. FW III. verspricht dem jungen Mann sogar eine eventuelle spätere Verwendung im Zivildienst.

Am 4. April 1799 ist es soweit. Da muß sich Heinrich von Kleist nicht mehr vom Kasernenhof hinweg- und ins Hauptgebäude der Universität hineinschleichen. Er immatrikuliert sich an der alten, nicht übermäßig ehrenvollen »Universität Viadrina«. Sie hat zudem den Vorteil, nahe an Heinrichs Vaterhaus zu liegen, das, von Tante Massow und den Geschwistern bewohnt, nun von ihm wieder bezogen werden kann.

Dem Familienrat hatte er vor geraumer Zeit seinen Plan mitgeteilt, wahrscheinlich in der Hoffnung auf eine Unterstützung aus dem Kleistschen Fonds. Aber der Familienrat tagt gar nicht erst, sondern reagiert ablehnend.

Heinrichs neues Prinzip heißt »Lebensplan«. Das ist zwar eine Theorie der militärischen Laufbahn, aber so genau nimmt es Kleist nicht. Er bezieht Erlerntes und Überliefertes grundsätzlich auf sich selbst. Bis tief in die Nacht sitzt er mit seiner Halbschwester Ulrike zusammen, die ihren Bruder nicht zuletzt deshalb bewundert, da er schon jetzt wie ein Professor doziert.

Kleist ist so aufgeregt, daß er auf sein Anmeldeformular statt den Namen seines Vaters den seines Großvaters setzt. Ulrike erklärt er, daß, ohne einen »Lebensplan« dahinzuleben, für ihn bedeuten würde, sich dem Zufall zu überlassen. Es sei ihm unbegreiflich, daß nicht jeder Mensch für seine Zukunft einen »Lebensplan« entwickele. Er selbst plant, mit dem Studium dessen zu beginnen, was er als »reine Dinge« bezeichnet. Das sind zunächst die Mathematik, die Logik sowie eine »gründliche literarische Enzyklopädie«. Der Kleist-Forscher Peter Fischer hat in seiner Biografie dieser Aussage des Dichters ein »Was-immer-er-damit-gemeint-haben-mag« hinzugefügt. Tatsächlich dürfte etwas Ähnliches wie dieser Wunsch noch in keinem Hochschulkatalog zu finden gewesen sein.

Die Universität kommt Heinrich wenig entgegen. Das Hauptgebäude dient mehr oder weniger der Verwaltung, die Vorlesungen werden von den Professoren in deren Häusern oder Wohnungen abgehalten. Das hat den Vorteil einer gewissen Intimität, aber den Nachteil enger Raumverhältnisse.

Von einem »Lebensplan« kann vorerst keine Rede sein, und das Studium sagt ihm wenig zu. Wirklich zu schätzen scheint er nur den Physiker und Philosophen Christian Ernst Wünsch, dessen Vorlesungen über sein populär-philosophisches Werk »Kosmologische Unterhaltungen für junge Freunde der Naturerkenntnis« ihn fesseln und seinen Studienvorstellungen am meisten entsprechen. Bei diesem Professor zeigt er geradezu Übereifer – und wird später behaupten, dort habe er sich durch Überarbeitung seine Nerven ruiniert.

Zu Beginn des Studienjahres gibt es eine Erholungspause. Zur Margareten-Messe werden die Vorlesungen ausgesetzt, und an diesen freien Tagen begibt sich Heinrich mit den Geschwistern Ulrike und Leopold im Mietwagen auf eine Fahrt ins Riesengebirge. Bei nebligem Wetter und Nieselregen besteigen sie die Schneekoppe.

Heinrich schreibt in das Gipfelbuch der Hampelbaude eine »Hymne an die Sonne«, während der inzwischen zum Leutnant ernannte Leopold sich mit einer etwas platten Eintragung verewigt: »Die Aussicht von der Schneekoppe war weit – aber es ist auch keine Kunst, wenn man so hoch steht.«

Leopold aber hat durchaus seine Vorzüge. Er ist ein fröhlicher, unbeschwerter junger Mann, der bei den Mädchen, seinen Schwestern und deren Freundinnen, sehr beliebt ist und sie »durch seinen Scherz oft zu lachen macht«. Er hat Charme und Erfolg und nimmt das Leben leichter als sein klügerer, verschlossener

Bruder Heinrich. In dessen Nachfolge hat er gerade den Ehrenposten des Fähnrichs von Potsdam erhalten.

Ursprünglich hatte Heinrich geplant, sein Studium in Frankfurt/Oder durch ein weiteres an einer renommierteren Universität zu ergänzen. In Göttingen hätte er sich möglichst umfangreiche Vorlesungen über Mathematik, Philosophie und sogar Theologie gewünscht. Beides gibt er nun auf, sowohl Göttingen als auch die Studienfächer. Die Reise ins Riesengebirge mag dabei eine Rolle gespielt haben, vielleicht auch die Enttäuschung darüber, daß Leopolds dümmlicher Gipfelbuch-Eintrag von den anderen als weitaus geistreicher empfunden wurde als sein Gedicht. So beschließt er für sich erst einmal eine Erziehung zum Besseren.

In jüngster Zeit verkehren seine Geschwister mit der Familie des Generalmajors von Zenge, der das in Frankfurt stationierte Infanterieregiment befehligt. August Wilhelm Hartmann von Zenge hat im Februar 1789 ein genau gegenüber dem der Kleist-Familie gelegenes Haus bezogen.

Man freundet sich an, trifft sich regelmäßig, meist bei den Zenges, die das größere Haus besitzen, denn deren Familie ist noch zahlreicher – Charlotte Margarethe von Zenge hat fünf Söhne und neun Töchter zur Welt gebracht.

Leopold von Kleist ist allerdings nicht mehr dabei. Als neu ernannter Fähnrich-Leutnant hat er in die Kaserne nach Potsdam umziehen müssen. Und so gibt Heinrich den Ton an und versucht, diese Zusammenkünfte unterhaltsam und fortbildend zu gestalten, mit

Musik, mit an den französischen Philosophen Rousseau angelehnten pseudo-psychologischen Fragen und sogar mit ein bißchen experimenteller Physik.

Er ist kein schlechter Organisator. Im Kinderzimmer bastelt er eigenhändig an einem Pult, das sogar – Kleists ganzer Stolz – der von ihm so geschätzte Professor Christian Ernst Wünsch bisweilen benutzt. Wünsch ist immerhin der bedeutendste akademische Lehrer der Frankfurter Universität. Und zudem ein populärer Plauderer, der sich auch jungen Menschen mitteilen kann über das, was er »Kosmologische Unterhaltung« nennt. Man diskutiert lange, beispielsweise »Was ist wünschenswerter, auf eine kurze Zeit, oder nie glücklich gewesen zu sein?« Oder auch über sogenannte »Lebensfragen«, wie »Welcher von zwei Eheleuten, deren jeder seine Pflichten gegen den anderen erfüllt, verliert am meisten bei dem frühen Tod des anderen?« Die Frage, die von Kleist stammt, ganz offensichtlich aber den Stil von Professor Wünsch aufweist, beantwortet Kleist folgendermaßen: »Da die Frau nichts als die Frau eines Mannes sei und nur gegen ihn Verpflichtungen habe, empfängt er von ihr mehr, das er bei ihrem Tod verliert.«

Beim Zusammensein mit den gern und viel redenden jungen Leuten wird sich Heinrich seiner Schwerfälligkeit beim Sprechen oft bewußt. Er besitzt nicht die schnelle Zunge, mit der man seine Mitmenschen leicht gewinnt. Er überzeugt auch nicht, weil er selbst nur selten von etwas völlig überzeugt ist. Er ist auf seinen Freund Wünsch angewiesen, um akzeptiert zu werden. Allein gelassen, fühlt er sich hilflos.

Leopold von Kleist

Literarisch beschreitet Heinrich von Kleist indes Neuland; der spätere Dichter und Schriftsteller ist in dieser »Lebensfrage« schon erkennbar, ist sie doch ein Vorläufer seiner Schrift über die »Allmähliche Verfertigung der Gedanken beim Reden«, die später zu seinen kompliziertesten und besten Aufsätzen gehören wird, eines der Glanzlichter seines Werkes.

Am intensivsten mit Heinrichs »Lebensplan«, den er noch nicht aufgegeben hat, befaßt ist die älteste der Zenge-Schwestern, Wilhelmine. Die Neunzehnjährige, obwohl »sehr häßlich und unleidlich«, gilt als eine Persönlichkeit. Sie hilft Heinrich nicht nur bei den Vorbereitungen zum Unterhaltungsprogramm, sondern auch später beim Aufräumen. Und sie korrigiert seine Manuskripte, ordnet sie und sorgt dafür, daß nichts verlorengeht. Der junge Herr von Kleist nennt sie bald zärtlich »Minette«.

Eines Abends überreicht er ihr seine Lehrbriefe, wie immer in einer Papierrolle. Darin ein Brief, der sich mit der Erziehungstheorie Rousseaus beschäftigt und den sie, da er französisch abgefaßt ist, nicht versteht. Den zweiten Brief aber, der aus dieser Papierrolle fällt, versteht sie um so besser: Er stammt von Heinrich und ist ein Liebesbrief. Mehr als das: Er macht ihr einen Heiratsantrag.

Am nächsten Morgen erhält er von Minette die kurze Antwort, darin teilt sie ihm mit, daß sie ihn nicht liebe und auch nicht seine Frau zu werden wünsche, doch werde sie ihn als Freund immer akzeptieren. Kleist schreibt einen zweiten Brief, den sie mehr aus Mitleid und auf den Rat ihrer Schwester Luise annimmt, woraufhin er den Eltern der »Braut« vom »neuen Morgenlicht seines Herzens« berichtet – und das ist das letzte Mal, daß von diesem Heiratsantrag die Rede ist. Weder Wilhelmine noch Vater und Mutter Zenge, geschweige denn Heinrich von Kleist wissen, ob die beiden nun verlobt sind oder nicht. Keiner spricht mehr darüber, der doppelte Antrag scheint sich in Luft aufgelöst zu haben.

Heinrich von Kleist aber, der nicht nur seine Werbung, sondern auch sein Universitätsstudium abgebrochen hat, sucht nun einen staatlichen Posten, der ihm ja einst in Aussicht gestellt worden war. Denn es fehlt ihm an Geld.

Er begibt sich dafür an den Ort, aus dem seine Braut oder Nichtbraut nach Frankfurt an der Oder zugezogen war, in die Hauptstadt Berlin.

Geheimnisse in Berlin und Würzburg

Die geheimnisvolle Reise nach Berlin beginnt an einem heißen Augusttag des Jahres 1800. Kleist sitzt allein in der Postkutsche. Das Reisen in Postkutschen ist eine seiner lebenslangen Leidenschaften. Aus Angst vor Taschendieben aber hält er die zweihundert Taler, die er sich von seiner Schwester Ulrike geliehen (und wahrscheinlich nie zurückgezahlt) hat, krampfhaft unter seinem Jackett fest.

Ulrike ist auch die erste, die von ihm einen Brief erhält. Sie liest ihn, wie alle weiteren, aufmerksam, glaubt ihrem Bruder aber aus Erfahrung nicht alles. Heinrich liebt die Geheimnistuerei und hat eine romantische Phantasie. Selbst seine Geschwister sind sich nie ganz sicher, was sie ihm glauben sollen, was vielleicht teilweise oder besser gar nicht wahr ist.

In Potsdam will er König Friedrich Wilhelm III. begegnet sein. Der steht zu seinem einstigen Versprechen einer Verwendung Heinrichs im Zivildienst. Der Staatsminister Carl August von Struensee bietet ihm einen nur wenig ehrenhaften Posten beim Akzise- und Zollwesen an, den er ablehnt. Von einem weiteren Angebot nimmt Kleist sofort Abstand: Eine Industriespionage in ausländischen Waffenschmieden empfindet er als seiner nicht würdig.

Tatsächlich setzt Preußen damals alles daran, die Waffenhersteller im eigenen Lande in die Neuerungen der anderen Großmächte auf diesem Gebiet einzuweihen. Denn selbst die befreundeten Nationen, allen voran das hochindustrielle England, hüten streng ihre Entwicklungen. So versuchte sogar der Freiherr vom Stein in Großbritannien die Geheimnisse der neuesten Kanonen- und Gewehrfabrikation zu entlarven. Er wurde von einem Maler und Zeichner begleitet, der unter der Vorgabe, die schöne Landschaft festzuhalten, in Wirklichkeit die neuen Waffenarten kopieren sollte. Stein wurde erwischt und mitsamt seinem Kunstmaler nach Hause komplimentiert. Ein mildes Urteil, aber die beiden Länder waren ja mehr oder weniger gegen die Franzosen verbündet.

Der Bittgang des Ex-Leutnants scheint vorerst vergeblich. Er braucht zwar dringend eine bezahlte Stelle, lehnt aber wieder ab, als der, wahrscheinlich mitleidige, Struensee ihm den Posten eines Volkswirtes im Wirtschaftsministerium vorschlägt. »Ich soll tun, was der Staat von mir verlangt«, schreibt er an seine Braut, »ob das, was er verlangt, gut ist. Zu seinen unbekannten Zwecken soll ich ein bloßes Werkzeug sein – ich kann es nicht.«

Wie vieles in seinem Leben übertreibt er auch seine Abneigung gegen Berlin, gibt daher in manchen seiner Briefe an, nur ganze zwei Tage dort geblieben zu sein. Was aus manchen Gründen zweifelhaft ist, einer davon dürfte Marie von Kleist gewesen sein, eine angeheiratete Cousine, bei der er sich am wohlsten fühlte, die ihn besser verstand als jeder andere Mensch. Und ihn förderte.

Eine geborene Gualtieri, heiratete sie den Major Friedrich Wilhelm Christian von Kleist, der sich nach zwanzigjähriger Ehe ohne jeden Grund von ihr scheiden ließ. Seitdem gehört sie zum engeren Hofkreis um Königin Luise, deren beste Freundin und Beraterin sie wurde. Beides wird sie auch bald für den sechzehn Jahre jüngeren Verwandten, dem sie nähersteht als der Rest seiner Familie. Eine kluge Frau, die mit ihm seine frühen und in der Folge noch intensiver seine weiteren literarischen Arbeiten diskutiert. So vermutet man auch, daß der Ehrensold, dem ihm angeblich die Königin Luise ausgeschrieben hat, in Wirklichkeit von Marie von Kleist stammt.

Heinrich also läßt Berlin links liegen und plant eine weitere, für ihn wichtigere Reise nach Würzburg. Allerdings erhebt sich zunächst die Frage, woher das Reisegeld nehmen. Und das dringlicher als zuvor, denn diesmal geht es um ein »abenteuerliches Unternehmen«, das »unverbrüchliche Verschwiegenheit verlangt« und einem sehr »ernsthaften Zweck« dient, nämlich »Glück, Ehre und Leben eines Menschen«. Soweit Heinrichs vage Äußerungen dazu im Freundeskreis.

Die Meistbietende ist wiederum Ulrike, die aus den geheimnisvollen Andeutungen schließt, daß es um Wilhelmine von Zenge geht, zu der ihr Bruder anscheinend zurückkehren möchte. Und beide will sie nicht enttäuschen.

Wilhelmine von Zenge, Kleists Braut

Die Reise nach Würzburg wird im Familien- und Freundeskreis aufmerksamer als die nach Berlin verfolgt, und in Frankfurt an der Oder ist man erschüttert, als Heinrich plötzlich erklärt, er suche »ärztliche Hilfe wegen eines sexuellen Problems«.

Wodurch sich die Geheimnisse um die geheimnisvolle Reise nach Würzburg noch vertiefen und man etliche Krankheiten oder Probleme vermutet. Litt Kleist an einer Geschlechtskrankheit? Oder handelte es sich nur um eine Verengung des Geschlechtsteils, einer leicht zu operierenden Phimose? Ging es um Impotenz? Oder möglicherweise eine Geisteskrankheit durch eine geschlechtliche Infektion aus dem Frankreichkrieg? Auch homosexuelle Neigungen werden als Grund für die Reise nach Würzburg angeführt.

Abgesehen davon wurde allerdings auch der Verdacht geäußert, daß Heinrich seine Ablehnung des Angebots von Staatsminister Struensee bedauere und nun plane, von Würzburg aus nach Wien zu fahren, um dort mit der Industriespionage zu beginnen.

Klar ist nur: Heinrich von Kleist versucht, seiner vernachlässigten Braut oder Nichtbraut wieder näherzukommen. Ob er impotent oder venerisch krank ist, bleibt, wie vieles bei ihm, unklar und geheimnisvoll, in Briefen an Wilhelmine von Zenge hat er zumindest Andeutungen darüber gemacht.

Er nimmt weder seine Schwester noch seine »Braut« mit auf das »abenteuerliche Unternehmen«, obwohl Ulrike weitere hundert Dukaten vorstrecken muß, diejenige aber »für deren Glück er sein Leben wagt« – Wilhelmine von Zenge – »eine Frau, ... meine Vertraute nicht werden kann«. Was wohl so viel heißt, daß es sich doch um eine mehr oder weniger delikate Operation handeln muß.

So sucht er einen »älteren, weisen Freund« als Reisebegleiter und findet ihn in dem neun Jahre älteren Ludwig von Brockes, den er im Jahr davor bei einem Ferienaufenthalt auf Rügen kennengelernt hat. Die beiden benehmen sich auf der Reise recht merkwürdig, bleiben nur kurz in Berlin, etwas länger in Potsdam, besteigen dann die Postkutsche mit Ziel Wien und reisen überdies unter falschen Namen. Was alles dazu beitragen könnte, eine Entscheidung für Industriespionage doch für möglich zu halten.

Auch in Leipzig war ihr Auftreten geheimnisvoll
gewesen. Sie nannten sich Bernhoff und Klingstedt
(Kleist), der Rektor der Universität glaubte ihnen, daß
sie aus Rügen kommen, das damals zu Schweden ge-
hörte, und stellte ihnen sofort Matrikelscheine aus, die
ihnen als Pässe zur Weiterfahrt verhalfen.

Von Wien fahren beide gleich nachts weiter nach
Würzburg. Es wird nie ganz klar, was sie wirklich vor-
hatten, ob der Operation wegen gleich nach Würzburg zu fahren oder zur Deckung der hohen Kosten in
Wien erst noch etwas Spionage zu treiben. Es ist möglich, daß der Leipziger Universitätsprofessor, Rektor
Wenck, ihnen davon abgeraten hat. Außerdem hat er
später gesagt, daß der »eine von den beiden wirklich
krank« gewesen sei, womit er nur Kleist gemeint haben kann.

In Würzburg steigen die jungen Männer zunächst in
einem teuren Gasthof ab, mieten sich dann aber in einem kleinen, billigeren und versteckt liegenden Häuschen ein, das dem gleichen Inhaber, einem Mann namens Joseph Wirth, gehört. Dieser Joseph Wirth ist
zudem der empfohlene und allgemein gerühmte Ope-
rateur und Stadtchirurgus. Es gibt trotzdem Ärger: Der
Rat der Stadt Würzburg lädt Kleist und Brockes vor
und beschuldigt sie, sie seien ohne Quartierzettel, also
illegal, bei dem Wirt untergekommen. Joseph Wirth
löst das Problem, indem er dartut, daß die Studenten
doch Matrikelscheine vorgewiesen hätten – und da die
Beamten wahrscheinlich nicht genau wußten, um was
es sich da handelte, ließen sie es gelten. Kleist scheint
mit sich und der Lösung seines gesundheitlichen Pro-

blems zufrieden, wovon eine Reihe überschwenglicher Briefe an seine »Braut« zeugt, in denen er zum Beispiel schreibt: »Damals war ich Deiner nicht würdig, aber jetzt bin ich es.« Ihr Glück, sagt er, »habe er mit unglaublichen Opfern erkauft«, und seine Freude sei die »ewige, innige, zärtliche Dankbarkeit« der Braut, für die er sein »Leben wagte«.

Was wohl etwas übertrieben ist. Es wird sich bei dem Eingriff des Gastwirts und Operateurs um eine Behandlung genitaler Abnormität gehandelt haben, nicht aber um ein »unglaubliches Opfer«. Trotzdem: In Würzburg wurde Kleist von seiner Krankheit geheilt, hier fand er sexual-pathologische Hilfe und durfte hoffen, das »Glück der Liebe« geben und genießen zu können. So fand er Würzburg dann, das er anfangs nicht mochte, die schönste aller Städte.

Tatsächlich schenken ihm, aus gutem Grund, seine Familie, seine Freunde und Bekannten nicht durchweg Glauben. Er verbirgt zu viel, hüllt sich in Geheimniskrämerei, ergeht sich in Plänen und Projekten, von denen man, wenn er davon berichtet, nie weiß, ob sie nun stattgefunden haben oder nicht. Als er nach Berlin zurückkehrt und seine Schwester Ulrike in Potsdam besucht, ist sie der Meinung, die Reise, die sie schließlich ermöglicht hat, sei politischer Natur gewesen. Und der Minister für Kommerzial- und Fabrikwesen, Carl August von Struensee, beeindruckt von Kleists vielfachen Interessen und Begabungen, erneuert sein Angebot: Er erwirkt mit königlicher Erlaubnis, daß Heinrich an den Sitzungen der technischen Deputation teilnehmen darf, was nur solchen Außenstehenden gestattet ist, die man zur Werkspionage gewinnen möchte. Einige seiner Bekannten verbreiten das Gerücht, Kleist habe sich in Würzburg zum Professor habilitieren lassen wollen, andere, daß er sich einflußreichen freimaurerischen Kreisen angeschlossen habe, von deren Einfluß er sich eine Existenz als Privatgelehrter in Würzburg erhofft habe.

Was auch immer seine Hoffnungen und Pläne waren – er hat, wie er seinen engsten Freunden, wenn auch nur andeutungsweise, gesteht, gefunden, worin er seine Zukunft sieht. Sie wird weder dem Militär noch der Spionage gelten, nicht der politischen, philosophischen oder wissenschaftlichen Lehre. Seine Zukunft ist die Literatur.

Das offenbart schon sein Essay über Würzburg. Ein Auszug daraus: »Wenn alle Menschen statt der Augen grüne Gläser hätten, so würden sie urteilen müssen, die Gegenstände, welche sie dadurch erblickten, sind grün – und nie würden sie entscheiden können, ob ihr Auge ihnen die Dinge zeigt, wie sie sind, oder ob es nicht etwas zu ihnen hinzutut, was nicht ihnen, sondern dem Auge gehört. So ist es mit dem Verstande.«

Und weiter zu der Stadt, die für Kleist so eine besondere Rolle spielt: »Selbst von dem Berge aus, von dem ich Würzburg zuerst erblickte, gefällt es mir jetzt, und ich möchte fast sagen, daß es von dieser Seite am schönsten sei. Ich sehe es letzthin von diesem Berge in der Abenddämmerung, nicht ohne inniges Vergnügen.

Die Höhe senkt sich allmählich herab, und in der Tiefe liegt die Stadt. Von beiden Seiten hinter ihr ziehen im halben Kreise Bergketten sich heran, und nähern sich freundlich, als wollten sie sich die Hände geben, wie ein paar alte Freunde nach einer lange verflossenen Beleidigung – aber der Mann tritt zwischen sie, wie die bittere Erinnerung, und sie wanken, und keiner wagt es, zuerst hinüberzuschreiten, und folgen beide langsam dem scheidenden Strome, wehmütige Blicke über die Scheidewand wechselnd.«

Und fügt hinzu: »In der Tiefe, sage ich, liegt die Stadt, wie in der Mitte eines Amphitheaters. Die Terassen der umschließenden Berge dienten statt der Logen; Wesen aller Art blickten als Zuschauer voll Freude herab und sangen und sprachen Beifall, oben in der Loge des Himmels stand Gott. Und aus dem Gewölbe des großen Schauspielhauses sank der Kronleuchter der Sonne herab und versteckte sich hinter der Erde, denn es sollte ein Nachtstück aufgeführt werden. Ein blauer Schleier umhüllte die ganze Gegend und war, als wäre der azurne Himmel selbst herniedergesunken auf die Erde. Die Häuser in der Tiefe lagen in dunkeln Massen da, wie das Gehäuse einer Schnecke, hoch empor in die Nachtluft ragten die Spitzen der Türme, wie der heisere Ruf des Heimchens – und hinten starb die Sonne, aber hochrot glühend vor Entzücken, wie ein Held, und das blasse Zodiaklicht umschimmerte sie, wie eine Glorie das Haupt eines Heiligen.«

»Da ist kein ›Gelehrter‹ am Sprechen«, kommentiert der Kleist-Kenner Curt Hohoff, den die Abstraktion fesselt, »sondern ein Dichter, der anfängt, eine höhere Befriedigung in der Kunst zu finden.«

Nachdem Heinrich, und noch dazu so poetisch, zu schreiben beginnt, verwirft er neben der Gelehrsamkeit plötzlich auch die Philosophie des vielbewunderten Immanuel Kant, die er in Würzburg so gründlich studiert hatte. Zurück in Berlin, befaßt er sich weiter mit dem Werk des großen Idealisten, um dann allerdings in Briefen an seine »Braut«, die kaum noch eine ist, zwar über Würzburg zu schwärmen, Kant und seine Philosophie dagegen herabzusetzen.

Was wahrscheinlich auf Eifersucht beruht. Denn ein Wilhelm Traugott Krug, seit einigen Jahren Professor für Philosophie an der Universität in Frankfurt/Oder, gilt dort längst als Zukünftiger der Wilhelmine von Zenge, von der Heinrich trotz allem noch immer glaubt, daß sie die Seine sei und für die er doch jüngst sein »Leben wagte«. Tatsächlich heiraten Wilhelmine und Professor Krug im Jahr 1803, und zwei Jahre später wird Krug als Nachfolger Kants an die Königsberger Universität berufen.

Sein Renommee ist bis heute umstritten und schwankt selbst unter seinen Biographen zwischen »gar nicht so schlechte Wahl« bis zu »unmögliche Mißbesetzung«. Aber wer überhaupt hätte einen Kant ersetzen können?

Kleist ist übrigens viel später, als er in Königsberg war, im Hause Krug gewesen. Ob eigenmächtig oder aufgrund einer offiziellen Einladung ist nicht bekannt. Dabei soll es zwischen ihm und Wilhelmine zu einigen Peinlichkeiten gekommen sein. Bis deren jüngere Schwester Luise, die Kleist dem Philosophen vorgezogen haben soll, die Wogen glättete. Der Hausherr selbst empfing den Nebenbuhler mit philosophischer Großmut, so daß Kleist während seines Aufenthaltes dann

Wilhelm Traugott Krug, Luise und Wilhelmine
von Zenge in Königsberg

häufiger zu Gast war, oft sogar als Mittelpunkt kleinerer Zusammenkünfte in diesem Haus.

Aber das ist vorgegriffen. Aus Würzburg, das er so pittoresk beschrieben hat, zieht es Heinrich so jählings zurück nach Berlin, daß nun wieder Mutmaßungen über seine eventuellen und geheimen Nebenarbeiten angestellt werden. Während Brockes Würzburg in aller Ruhe in Richtung Dresden verläßt, gelingt es Kleist, die ganze Strecke in der Postkutsche nach Berlin in fünf Tagen zu bewältigen. Bekannte, die ihn dort treffen, sagen, er sei nicht wiederzuerkennen, sei er doch immer bester Laune. Und wieder wird ein Gerücht verbreitet: Heinrich habe in einer neueröffneten Farbenfabrik in Würzburg bei einem gewissen Georg Pickel die Geheimnisse der Herstellung eines »Pickelgrüns« entlarvt – was wohl von jemand stammt, der den

49

Würzburg-Essay gelesen hat und parodistisch auf die darin erwähnte grüne Farbigkeit anspielt.

Kleist aber ist derweil mit anderen und gewichtigeren Arbeiten befaßt und beginnt gerade mit seinem ersten dramatischen Stück. In seinen Koffern lagern Novellen- und Dramenentwürfe, darunter ein rohes Konzept des »Käthchens von Heilbronn« und der »Penthesilea«. Wegen eines Normannenstückes, das er plante, wollte er dringend nach Paris, die Idee eines Trauerspiels, das den Titel »Die Familie Ghonorez« haben sollte, zog ihn nach Spanien. Sein Freund Ludwig Wieland, der Sohn des deutschen Erfolgsdichters, ein munterer junger Mann, frech und unabhängig und ganz nach Kleists Geschmack, riet ihm jedoch, die Handlung lieber nach Deutschland zu verlegen. Woraus dann »Die Familie Schroffenstein« wurde. Und dieses Stückes wegen ging Heinrich nun auf eine längere Reise, diesmal in Begleitung seiner Schwester Ulrike, die sowieso die Kosten dafür aufbringen mußte. Allerdings war sie selbst mindestens ebenso aufs Reisen versessen wir ihr Halbbruder.

Im April 1801 brechen sie auf und lassen – ähnlich allen Reisenden – nichts aus, was ihnen unterwegs an Interessantem entgegenkommt. In Dresden konzentrieren sie sich auf die Bildergalerie, darin vorzugsweise auf die Italiener und natürlich auf Raffaels »Sixtinische Madonna« (die ja oft für Kitsch gehalten wird, wenn man sie nur von kleinen Drucken her kennt, und die sich als Meisterwerk entpuppt, sobald man vor dem Original steht). Ulrike ist von all diesen Eindrükken so überwältigt, daß sie ihre sonst übliche Sparsamkeit aufgibt und beschließt, die Reise komfortabler zu gestalten, als eigentlich geplant. Ehe sie im Mai Abschied nehmen von Dresden, kauft sie dort zwei rassige Pferde und eine eigene Equipage und heuert einen Diener an als Reisebegleiter.

Schon in Leipzig legen sie die erste Reisepause ein. Am Schwarzen Brett der Universität entdeckt Heinrich Vorlesungen, die ihn reizen, verspürt plötzlich wieder Lust zu studieren. Er lernt durch Zufall gleich den Mathematikprofessor Hindenburg kennen, der ihm den Besuch der Kollegs ermöglicht. Fleißiger und intensiver aber muß er in dem Gasthof, in dem die Geschwister abgestiegen waren, gearbeitet haben, um das Drama, eben »Die Familie Schroffenstein«, zu vollenden. Ulrike soll deshalb hin und wieder in Männerkleidung aufgetreten sein, thematisch angepaßt – ein Kleidertausch zwischen Mann und Frau, gleich zu Anfang des Stückes, soll auf die Unordnung in der Welt hinweisen, und das auf oft ziemlich grausame Weise. Zu Beginn des Dramas steht auf der Bühne ein Sarg, darin ein ermordeter Jüngling, und Mädchen und Jungen vom Hofgesinde kommentieren:

Der Chor der Mädchen:
  Niedersteigen,
  Glanzumstrahlet,
  Himmelhöhen zur Erd' herab,
  Sah ein Frühling
  Einen Engel;
  Nieder trat ihn ein frecher Fuß.

Der Chor der Jünglinge:
    Dessen Thron die weiten Räume decken,
    Dessen Reich die Sterne Grenzen stecken,
    Dessen Willen wollen wir vollstrecken.
    Rache! Rache! Rache! schwören wir.

*Rupert, der Graf Schroffenstein aus dem
Haus Rossitz*
    Denn nicht ein ehrlich offner Krieg, ich denke,
    Nur eine Jagd wird's werden wie nach Schlangen,
    Wir wollen bloß das Felsenloch verkeilen,
    Mit Dampfe sie in ihrem Nest ersticken –
    Die Leichen liegen lassen, daß von fernher
    Gestank die Gattung schreckt, und keine wieder
    In einem Erdenalter dort ein Ei legt.

Tagtäglich feilt Heinrich von Kleist während dieser
Reise an dem Stück, versucht dem künftigen Leser oder
Zuschauer in künstlerischer Form nahezubringen, wie
er die Welt sieht: voller Bosheit und Mordlust, in ewi-
ger Feindschaft die Menschen einander sich bekrie-
gend. Dabei versteht er sich selbst nicht etwa als Pes-
simist, sondern als Realist.

Der nächste Aufenthalt ist Halle, wo die beiden den
alten Dichter Gleim aufsuchen. Johann Wilhelm Ludwig Gleim, ein Sachse, hatte sich bei den Preußen ver-
dingt und während der Kriegszüge 1756 und '57 einige scherzhafte Lieder geschrieben, die sehr populär
wurden. Als er sich später in Halberstadt als Dom-
sekretär niederließ, wurde er neben den Dichterkolle-
gen Uz und Götz der bedeutendste und beliebteste der

sogenannten »Anakreontiker«, einer Dichtergruppe, die heiter-lebensfrohe, humorvolle Lieder im Stil des Bänkelgesangs verfaßte.

Der inzwischen Zweiundachtzigjährige empfing Gott und die Welt in seinem »Hüttchen«, das, vollgestopft mit Erinnerungen, einem Museum geglichen haben muß. Er war bekannt für seinen reichen Anekdotenschatz aus alten Zeiten und kam nun, bei Heinrichs Besuch, ausführlich auf seinen einstigen Freund Ewald von Kleist zu sprechen. Obwohl diese Freundschaft ein halbes Jahrhundert zurücklag, beharrte der alte Herr darauf, daß es sich um den Onkel seines jungen Gastes gehandelt habe, und erzählte diesem eine – angeblich wahre – Geschichte über seinen Großonkel:

Ewald von Kleist habe in seinem Potsdamer Quartier mit einer Duellwunde im Bett gelegen und Gleim, damals Regimentsquartiermeister, las ihm einige seiner besten humorigen Gedichte vor. Darüber habe Ewald derart lachen müssen, daß ihm der Verband von der Hand abplatzte. Als der Feldscher kurz darauf ins Zimmer kam, entdeckte er, daß die Wunde bereits von kaltem Brand befallen war – eine Stunde später wäre der Arm verloren gewesen.

Nach dem Abschied von Gleim geht die Reise über den Harz nach Göttingen, Kassel und Butzbach in Hessen. Bei einer Rast der Kutsche rammte ein Esel, der über die Straße lief und sich plötzlich aufbäumte, das Gefährt. Die Deichsel und ein Rad brachen, einige der Geschirre rissen. Ulrike und Heinrich, die im Wagen sitzen geblieben waren, stürzten auf das Steinpflaster. Kleist bleibt ungerührt und vermerkt dazu:

Ulrike von Kleist

»Es kann kein böser Gedanke sein, der an der Spitze der Welt steht. Es ist bloß ein unbegriffener.«

Es geschieht ihnen auch nicht viel, die Schürfwunden sind bald verbunden, der elegante Wagen schnell repariert. Und die Reise geht weiter.

In Mainz zeigt Heinrich seiner Schwester das Gelände am Rhein, wo er als Junge einen Teil seiner militärischen Ausbildung erhalten hatte, einer Zeit gedenkend, die ihn noch immer mit einem gewissen Heimweh erfüllt. »Wie ein Dichtertraum« habe er das Wiedersehen mit diesem Tal empfunden, schreibt er in einem Brief an Wilhelmine, mit der er weiterhin korrespondiert. Traum und Heimweh allerdings legen sich bald, als zwischen Koblenz und Bonn so heftige Stürme einsetzen, daß die Equipage ein zweites Mal auseinanderzubrechen droht.

Über Straßburg erreichen sie dann endlich ihr Hauptziel: Paris. Entgegen dem ursprünglichen Vorhaben, ein Jahr in der französischen Hauptstadt zu bleiben, mißfällt ihm Paris zu seinem eigenen Erstaunen aber gründlich, und er beschränkt seinen Aufenthalt auf fünf Monate – diesmal nicht nur aus finanziellen Gründen.

Was ihn so sehr an der Stadt Paris abstößt, läßt sich wohl auf sein Preußentum und seine militärische Erziehung zurückführen. Er empfindet die Stadt als »platt, matt, fade und ekelhaft«, nicht gerade die üblichen Attribute, die Besucher diesem Ort zollen. Man feiere an der Seine Freiheit und Frieden »durch eine bis zum Ekel gehäufte Menge von Vergnügungen«, wozu er Triumphbogen, Feuerwerk, Karussel und Seiltänzer zählt, die im allgemeinen nicht zu »ekligen Vergnügungen« zu gehören pflegen. Etwas verständlicher schon, wenn er sich mokiert über diesen »ekelhaften Ort« mit »langen, krummen, engen, mit Kot oder Staub überdeckten, von tausend widerlichen Gerüchen duftenden Straßen«. Ganz preußisch wird er dann, wenn er die »höchste Sittenlosigkeit« feststellt – ohne allerdings zu erklären, was er darunter versteht.

Einzig der Louvre, wo er viel Zeit verbringt, versöhnt ihn mit Paris. An der Universität sein Mathematikstudium zu vervollständigen, wie es eigentlich seine Absicht war, dazu bleibt ihm neben der Arbeit an der »Familie Schroffenstein« keine Zeit. Noch denkt er nicht ernsthaft daran, die Literatur zu seinem Beruf zu machen, hat statt dessen wieder einen neuen »Lebensplan« für sich gefunden: Nach der Dekadenz und der

Sittenlosigkeit in Paris fühlt er sich zum einfachen Leben hingezogen und beschließt, als Bauer einen Hof, möglicherweise in der Schweiz, zu bewirtschaften. Seiner »Verlobten« trägt er ein Dasein als Bäuerin an, für das sich diese »zu schwach« fühlt und sein Ansinnen ablehnt.

Auf einer kurzen Reise von Paris aus in die Schweiz hatte Heinrich, angetan von Land und Leuten, dort Anschluß gefunden an eine Gruppe Gleichaltriger, die seine Vorliebe für Literatur, Wissenschaft und Philosophie teilten, aber nicht recht wußten, was sie schließlich werden wollten. So betrachtet man den Erwerb eines kleinen Bauernhofes, auch als finanzielle Grundlage, allgemein als ideal. Zwei, wie Heinrich meint, vielversprechende Angebote liegen ihm vor, eines auf der Aare-Insel Thun und eines in Mülinen. Ulrike allerdings hat ihm klar zu verstehen gegeben, daß sie nicht in der Lage ist, ihm einen Gutshof zu kaufen, er selbst besitzt eine – offensichtlich sehr kleine – Barschaft, von der er hofft, daß sie genügt.

Sie verlassen also Paris Anfang Dezember 1801, doch die Reise in eine neue Zukunft, der er gleichwohl mit einiger Nervosität entgegensieht, steht unter keinem guten Stern. Kurz vor dem Aufbruch hatte Ulrike zwei neue, edle Pferde gekauft, mit diesen aber verschwanden die Diener, zudem unter Mitnahme einiger wichtiger Utensilien, und weder Kleist noch die anderen Mitreisenden, Bekannte einer deutschen Pariser Clique, darunter der Maler Friedrich Lose, sind fähig, die beiden alten, unterdessen ziemlich abgearbeiteten Pferde anzuschirren.

Irgendwie müssen sie es, mit oder ohne Hilfe, geschafft haben, denn sie kommen zumindest bis Frankfurt, wo Ulrike versehentlich den Wagen ins Wasser lenkt. Nachdem man Rösser und Gefährt gerettet und sich offensichtlich unfreundlich getrennt hat, fuhr Ulrike weiter, während Kleist und der Freund Lose sich zu Fuß auf den Weg machen über Darmstadt, Heidelberg, Karlsruhe, Straßburg und von da nach Metz. Ihre Freundschaft wird auf dieser Wanderung oft auf eine harte Probe gestellt, nach mehreren Auseinandersetzungen beschließen sie, noch gemeinsam in Basel über die Schweizer Grenze zu gehen, um sich dann für immer zu trennen. Die Freundschaft aber überdauert letztendlich.

Kleist drücken vorerst andere Sorgen: er hat keine Ahnung von Landwirtschaft und schleppt schwer an seinem Koffer voller Manuskripte. Aber er freut sich auf »das neue Vaterland«, die Schweiz. Und diese Freude beflügelt den Dichter in ihm. Er nimmt die Arbeit an einem weiteren Stück wieder auf, das er vor einiger Zeit in Berlin angefangen hat, dem »Robert Guiskard«.

Etwa zu der Zeit schreibt er in einem Brief an Ulrike: »Ich sage mir zwar häufig zu meinem Trost, daß es nicht die *Bildung für die Gesellschaft* ist, die mein Zweck ist, daß diese Bildung und mein Zweck zwei ganz verschiedne, nach ganz verschiednen Bildungen führen – denn wenn man z. B. durch häufigen Umgang, vieles Plaudern, durch Dreistigkeit und Oberflächlichkeit zu dem einen Ziele kommt, so erreicht man dagegen nur durch Einsamkeit, Denken, Behutsamkeit und

Gründlichkeit das andere usw. Auch soll mein Betragen jetzt nicht gefallen, das Ziel, das ich im Sinne habe, soll für töricht gehalten werden, man soll mich auf der Straße, die ich wandle, auslachen, wie man den Kolomb auslachte, weil er Ostasien im Westen suchte.«

Während Heinrich von Kleist auf das Geld wartet, mit dem er das ersehnte Schweizer Landgut bei Thun erwerben will – eine Erbschaft, die aufgrund seiner Volljährigkeit ausgezahlt wird – erlebt er so etwas wie ein Wunder: in Bern bringt der gerade gegründete Geßner Verlag seine »Familie Schroffenstein« heraus. Dazu veranstaltet Kleist einen Leseabend, an dem er im Wechsel mit einigen Dichterfreunden, darunter Zschokke, sein Stück vorliest. Während der zeitlich sehr ausgedehnten Lesung kommt es im Publikum zu unerwarteten Reaktionen, zu fröhlichem Gelächter und anhaltender Heiterkeit, nicht aus Böswilligkeit, sondern wohl eher aus dem Mißverständnis heraus, daß es sich dabei doch um ein Drama handeln sollte. Und nicht anders faßt Heinrich das auf, bricht selbst in Gelächter aus – da das Stück anonym erschienen ist und folglich niemand von der Autorschaft dieses einen Rezitators etwas ahnt. Der Abend wird ein voller Erfolg.

Am Thuner See im Kanton Bern hält sich Kleist seit einiger Zeit zusammen mit ein paar Freunden auf, sie führen ein bohèmehaftes Leben und träumen allesamt davon, mit ihrer Feder Erfolg zu haben.

Ermutigt von der überraschenden Aufnahme des ersten Leseabends der »Familie Schroffenstein« veranstaltet Kleist einen zweiten, der ebenso erfolgreich und voller Heiterkeit verläuft.

Der Freundeskreis um Kleist, den man den »Thuner Dichterkreis« nennen könnte, hat gerade intern eine Art Preisausschreiben ausgesetzt. Man hatte sich eines Abends bei dem Berner Heinrich Zschokke getroffen, in dessen Wohnung viele Bilder die Wände zierten. Eines davon, ein Kupferstich französischer Herkunft, faszinierte die jungen Dichter besonders. Er zeigte eine Magd, die wohl einen Wasser- oder Milchkrug zerschlagen hatte und nun augenscheinlich vor einem Dorfgericht zur Rechenschaft gezogen wurde. Die Vorgabe zu diesem literarischen Preisausschreiben lautete: Innerhalb eines Jahres soll jeder der Anwesenden eine Geschichte, Novelle, Ballade oder Erzählung zu diesem Sujet vorlegen, und die Mehrheit wird den besten Autor krönen.

Diese Idee ist typisch für Zschokke, den Erfolgreichsten in diesem Kreis, der auch der Phantasievollste ist. Ursprünglich aus Magdeburg gebürtig, verdingte er sich erst als Schauspieler und dann als Pastor. Später studierte er in Frankfurt an der Oder Jura, wo Heinrich ihn bereits kennengelernt hatte. 1796 übersiedelte er dann in die Schweiz, wo er, als ein Schreiber der schnellen Feder, Schweizer Geschichten (wie »Die Alpenwäldler«) und Räuberromane wie »Abällino, der große Bandit« verfaßte, die zum Teil Bestseller wurden. Er war auch politisch aktiv und betätigte sich als Zeitungskommentator.

Die Begeisterung der Dichter und Möchtegerndichter über Zschokkes Vorschlag an jenem Abend kann auch daher gerührt haben, daß der Gastgeber sie großzügig mit starken Getränken versorgte.

Der Schriftsteller Heinrich Zschokke

Der Literatur- und Bühnenfreund dürfte indes bereits erkannt haben, daß das Bild die Vorlage zu einem Stück ist, das Heinrich von Kleist populär werden ließ.

Dieses zweite Werk – den Guiskard nicht gerechnet – »Der zerbrochene Krug« ist eine große Komödie, eine der wenigen, die die deutsche Literatur hervorgebracht hat, zumindest in klassischer und romantischer Zeit, die das Drama oder Trauerspiel vorzog.

Wie es Kleist eigentlich auch tat: Sein erstes, großes Werk, die »Familie Schroffenstein«, ist ein Trauerspiel, traurig und schaurig. Dennoch gelingt es ihm darin, Entsetzliches und Grausames in die Form alter Balladen zu kleiden, der Moritaten und des Bänkelgesangs auf Jahrmärkten, wo all das besungene Grauen auch zum Lachen reizt. Von Anfang an handhabt Kleist nicht nur die Sprache virtuos, sondern auch diese Doppelgleisigkeit.

Das Werk kam 1803 bei Heinrich Geßner, Bern und Zürich, heraus, aber ohne den Autor zu nennen. Es war von dem Verleger und Wielands Sohn Ludwig, einem Freund von Kleist, redigiert worden, und in den bibliothekarischen Nachschlagewerken war noch lange Jahre hindurch Ludwig Wieland als der Autor des Trauerspiels aufgeführt.

Der Ausgangspunkt der Handlung ist die Rachsucht der Menschheit, ein Grundthema, das bei Shakespeare wie auch im Bänkelsang in Hohn, Spott und Leid mündet:

Die Familie Schroffenstein hat sich nach einigen Generationen in zwei einander feindliche Linien, das Haus Rossitz und das Haus Warwand, aufgespaltet. Ursache des Zwists ist ein Erbvertrag, wonach beim Aussterben einer Linie deren Besitz an die andere fällt. Bald stehen sich die Verwandten voller Argwohn gegenüber und verdächtigen sich gegenseitig, ihre Kinder zu töten. Es kommt zu Folterungen, um eventuelle Geständnisse zu erpressen und mögliche Mordpläne aufzudecken. Und dieses Unheil setzt sich von Jahr zu Jahr fort, bis die Angehörigen beider Fronten die Übersicht verlieren. Man metzelt Kinder, die die feindliche Partei entführt und heimtückisch verkleidet hatte, und merkt zu spät, daß es die eigenen Kinder waren. Die verfeindeten Familien, beide Täter und Opfer, sehen sich dieser Entwicklung fassungslos und verzweifelt ausgesetzt.

Ein kurzer Ausschnitt:

Ursula: Hier ist der Kindesfinger!
(Sie wirft einen Kindesfinger in die Mitte der Bühne und verschwindet.)
Alle: Was war das? Welche seltsame Erscheinung?
Eustache: Ein Kindesfinger? *(Hebt ihn auf.)*
Rupert: Fehlte Petern nicht
Der kleine Finger an der linken Hand?
Sylvester: Dem Peter? Dem erschlagnen Knaben? Fangt
das Weib mir, führet mir das Weib zurück! *(Einige Ritter ab.)*
Eustache: Wenn eine Mutter kennt, was sie gebar, so
ist es Peters Finger.
Rupert: Peters Finger?
Eustache: Er ist's, er ist's! An dieser Blatternarbe
Der einzigen auf seinem ganzen Leib,
Erkenn ich es! Er ist es!
Rupert: Unbegreiflich! *(Ursula wird abgeführt.)*
Ursula: Gnade! Gnade! Gnade!
Sylvester: Wie kamst du, Weib, zu diesem Finger?
Ursula: Gnade!
Das Kind, dem ich ihm abgeschnitten, ist
Ermordet nicht, war ein ertrunkenes,
Das ich selbst leblos fand.
Rupert: Ertrunken?
Sylvester: Und warum schnittst du ihm den Finger ab?
Ursula: Ich wollt ihn unter meine Schwelle legen,
Er wehrt dem Teufel. Gnade! Wenn's dein Sohn ist,
Wie meine Tochter sagt, ich wußt es nicht.
Rupert: Dich fand ich aber bei der Leiche nicht,

Ich fand zwei Reisige aus Warwand.
Ursula: Die kamen später zu dem Kind als ich,
Ihm auch den rechten Finger abzulösen.
(Rupert bedeckt sich das Gesicht.)
Johann: *(tritt vor Ursula)* Was willst du, alte Hexe?
Ursula: S'ist abgetan, mein Püppchen,
Wenn ihr euch totschlagt, ist es ein Versehen.
Johann: Seid nicht böse.
Papa hat es nicht gern getan.
Papa wird es nicht mehr tun. Seid nicht böse.

Liebe und Trotz

Der »Robert Guiskard«, an dem Kleist länger gearbeitet hat als an der »Familie Schroffenstein« – und den er zum größten Teil vernichtet hat – spricht eine andere Sprache. Ebenfalls in ausgefeilten Jamben geschrieben, enthält dieses Fragment jedoch nichts, was das Publikum hätte empören oder gar zu Lachsalven auf der Bühne und im Zuschauerraum hinreißen können, wie etwa über einen abgeschnittenen Zeigefinger.

Im »Guiskard« geht es einmal mehr um die Frage, ob man in der Politik nicht doch die Liebe über die Gewalt – oder den Trotz – stellen sollte, auch hier um einen Familienzwist. In diesem Fall stehen Oheim und Neffe gegeneinander.

Der Normannenstaat wurde einst von Wilhelm von der Normandie gegründet. Kleist hat als Zeit der Handlung den Juli des Jahres 1085 gewählt, mehr oder weniger historisch exakt. Im achten Jahrhundert verließen die Nordmänner ihren bisherigen Lebensraum und begannen sich in südlicheren Gebieten Europas anzusiedeln. Sie errichteten an zumeist unbewohnten Küsten in England, Schottland, Holland, Deutschland und Frankreich kleine Herzogtümer. Dabei waren sie so klug, sich den jeweiligen königlichen Herrschern als Herzöge zur Verfügung zu stellen. Was natürlich nicht in jedem Fall gut ging, aber es klappte mit Wilhelm von der Normandie, »dem Stifter des Normännerstaates in Italien«.

Dieser kam mit seinen drei Brüdern überein, daß sie, sofern sie keine Nachkommen haben, einander in der Regierung folgen sollten. Abälard, der Sohn des dritten Bruders, war noch ein Kind als sein Vater, der regierende Herzog, starb. Von dem Verstorbenen zum Vormund eingesetzt, übernahm der vierte Bruder, Robert Guiskard, die Herrschaft: »– sei es, weil die Folgereihe der Brüder für ihn sprach, sei es, weil das Volk ihn sehr liebte, ... und die Mittel, die angewandt wurden, dies zu bewerkstelligen, vergessen. – Kurz, Guiskard war seit dreißig Jahren und Robert [sein leiblicher Sohn] als Thronerbe anerkannt.« So ist bei Kleist die Ausgangslage des Dramas dargestellt.

Man befindet sich im Krieg gegen den byzantinischen Kaiser Alexios Komnenos. Guiskards Heer belagert das brennende Konstantinopel, in dem sich der Feind verschanzt hat. Der vermutlich an der Pest erkrankte greise Robert Guiskard fühlt sich dem Tode nahe und sucht wohl in der Kürze der ihm verbleibenden Zeit, das Unrecht an seinem Neffen zu bereinigen. Abälard, inzwischen verlobt mit Guiskards Tochter Helena, der früh verwitweten Kaiserin von Griechenland, ist beim Heer beliebter als sein herrischer und kleinmütiger Vetter Robert. Ihn, den designierten Nachfolger, ermahnt er, mit den verunsicherten Normännern achtsamer umzugehen:

»Meinst du, es könne dir die Normannenkrone
Nicht fehlen, daß du dich so trotzig zeigest?
Durch Liebe, hör es, mußt du sie erwerben,
Das Recht gibt sie dir nicht, die Liebe kann's!«

Im Feldlager geht das Gerücht um, daß Guiskard
»vom Pesthauch angeweht« sei, wohingegen er selbst,
seinen üblichen Optimismus zurückgewinnend, die
Zweifel seiner Heerführer zerstreut:

»Vom Pesthauch angeweht! Ihr seid wohl toll, ihr!
Ob ich wie einer ausseh', der die Pest hat?

Ihr wollt mich, traun! mich Blühenden, doch nicht
Hinschleppen zu den Faulenden aufs Feld?«

Seine Soldaten aber fürchten die Pest, die im Lager wü-
tet, und wollen nur eins, nach Hause:

»Versag uns nicht Italiens Himmelslüfte.
Führ uns zurück, zurück ins Vaterland!«

Die Frage ist, ob er das wollte oder noch konnte.

*

Einfach ist das Fragment dieses Schauspiels nicht zu
lesen. Der Autor scheint es darauf angelegt zu haben,
den Leser oder Zuschauer von Anfang an zu aktiver
Mitarbeit zu zwingen, was aber auch daran liegen
kann, daß eben der Großteil des Manuskriptes ver-

nichtet wurde. Die Handlung ist dicht gedrängt, alles spielt sich am frühen Morgen eines Tages ab und viele Fragen bleiben offen: Stirbt der alte Robert Guiskard? Wird er Abälard als Nachfolger einsetzen und den eigenen Sohn, Robert, umgehen? Ist Abälard in Geheimpolitik verstrickt und gilt vielleicht als Verräter? Bahnt sich ein Loyalitätskonflikt zwischen Volk und dem rechtmäßigen und dem in der Erbfolge übergangenen Nachfolger an?

Die Erstaufführung des »Robert Guiskard« findet 1901 im Berliner Theater statt, zwei Jahre später wird das Stück im Wiener Burgtheater aufgeführt, beide Male sah man darin ein Wagnis, und beide Male wurde es, und das zu Recht, ein großer Erfolg.

Wieland und die Insel auf der Aare

Nach seinen Mißerfolgen als Offizier, Gelehrter und Verlobter hat Kleist nun den etwas abwegigen Entschluß gefaßt, ein einfacher Bauer zu werden, um damit nicht nur Genugtuung zu finden, sondern auch das notwendige Einkommen. Zur Zeit – 1802 – schlägt er sich noch dazu mit einer anderen Enttäuschung herum, über die er schwer hinwegkommt. Er nennt es seine »Kant-Krise« – seine Abkehr vom großen Philosophen, den er früher leidenschaftlich studiert, von dem er so viel übernommen und gelernt hat. Seine Abkehr jetzt empfindet er fast als Frevel, beinahe als Todsünde und reagiert darauf mit einer Reihe von Krankheiten.

Diese »Kant-Krise« quälte ihn ja schon in der Zeit mit Wilhelmine, jetzt tritt noch eine persönliche Krise hinzu: Der Gedanke, durch eigene Dummheit oder Arroganz Wilhelmine von Zenge verloren zu haben, schmerzt ihn von neuem, erscheint ihm wie ein Fehltritt, ein Delikt und Fiasko.

Ulrike ist für lange Zeit die einzige, die ihn zu trösten und aufzumuntern vermag, in diesem Fall sogar, ohne ihr Bankkonto angreifen zu müssen. Aufheitern kann sie ihn dadurch, daß sie ihn in Männerkleidung begleitet – Heinrich hat sein Vergnügen daran, wenn andere sich über den »eleganten Herrn« an seiner Seite den Kopf zerbrechen.

Geldsorgen bedrängen ihn ausnahmsweise nicht, denn der größte Teil der Erbschaft seiner Eltern wurde ausgezahlt. Doch dieses Geld liegt in Berlin, und er weilt in der Schweiz. So ist es wieder Ulrike, die er als einzige in der Familie, die ihm wohl will, erneut um eine Geldüberweisung nach Bern bittet, damit er die erste Hypothek für seinen Bauernhof bezahlen kann.

Kaum hat er diesen Bettelbrief abgeschickt, alarmiert sie ein Telegramm von ihm: Sie solle das erbetene Geld auf keinen Fall überweisen, denn es würde höchstwahrscheinlich von Napoleon Bonaparte konfisziert, dem »Allerweltskonsul« – wie er ihn schmäht –, der gerade versuche, sich die Schweiz einzuverleiben.

Da das dem »Allerweltskonsul« nicht gelungen ist, kann Ulrike, fünf Wochen später, das Geld schicken. Und Kleist schreibt an seinen Freund Zschokke: »Mich erschreckt die bloße Möglichkeit, statt eines Schweizerbürgers durch einen Taschenspielerkunstgriff ein Franzose zu werden.«

Heinrich Zschokke hat sich eben das Schloß Silberstein gemietet, und das bringt Kleist auf den Gedanken, es ihm gleichzutun: Er mietet kurz darauf etwas weniger Pompöses, für ihn aber Ideales, ein Häuschen auf einer Insel im Fluß Aare, nicht weit entfernt von der Stadt Thun. Felder für Korn und Staudenfrüchte allerdings, die er sich gewünscht hatte, gibt es da nicht, nur ein paar Gemüsebeete.

Das Kleist-Häuschen auf der Deloses-Insel im Thuner See

Auf der Insel steht noch ein zweites Haus, das eine Fischerfamilie mit ihren beiden Töchtern bewohnt. Eine von ihnen, die Kleist sein »Mädeli« nennt, wird seine Haushälterin und Hausgenossin.

In der Abgeschiedenheit und Ruhe seiner Insel, der er nach einem Vorbesitzer den Namen »Deloses Inseli« gibt, gewinnt Heinrich die Gewißheit, daß er sich fortan dem Dichten widmen kann.

Er bekommt zwar ab und an Besuch von seinen

Dichter-Freunden, aber zum ersten Mal in seinem Leben befaßt er sich von morgens bis abends mit den eigenen Arbeiten, den früheren und den neuen. Die »Familie Schroffenstein« schreibt er ein drittes und dann viertes Mal um, er beginnt mit dem Text des »Zerbrochenen Krugs« und verfaßt ein Trauerspiel aus der Schweizer Geschichte über »Leopold von Österreich« und dessen Niederlage in der Schlacht bei Sembach, das er jedoch nie zu Ende geschrieben hat. Auch den »Robert Guiskard« nimmt er sich wieder vor, wird sich aber noch über ein Jahr lang damit quälen, das Stück zu vollenden. Auf der Insel wie auch dank seiner literarischen Schweizer Freunde findet Kleist zu seiner Berufung und wird zu einem Professionellen seiner Zunft.

Lange allerdings währt auch das Inselidyll nicht. Nach einem knappen halben Jahr erkrankt Kleist und schreibt in einem Brief an seine ehemalige Verlobte. »Ich habe keinen anderen Wunsch, als bald zu sterben.«

Er wird in Bern behandelt, und dorthin macht sich Ulrike, der die Nachricht von schwerer Krankheit und Todeswunsch übermittelt wurde, auf. In einer gemieteten Kutsche, in Eile und natürlich mit Geld. Diesmal aber nicht in Männerkleidung, was ein Glück ist, denn sie gerät mitten in die Auflösung der »Helvetischen Republik«, wie die Franzosen die von ihnen annektierte Schweiz zu nennen pflegen, hinein. Und wenngleich es ungewöhnlich war, daß eine junge Dame durch zwei marschierende feindliche Truppen jagte, ließ man sie, die Schweizer wie auch die Franzosen ein galantes Volk, unangefochten durch. Man macht ihr nicht einmal Schwierigkeiten, als sie erst nach sieben Uhr abends in Bern eintrifft, und bereits allgemeines Ausgehverbot herrscht.

Schwieriger wird es für Ulrike, ihren Bruder zu finden, den sie im Krankenbett vermutet. Sie ersucht den General Rudolf von Erlach, Heinrichs behandelnden Arzt ausfindig zu machen, und der, Dr. Wyttenbach, erklärt ihr, daß sein Patient inzwischen völlig genesen sei und von früh bis spät in seinem Zimmer arbeite. »Deloses Inseli« hatte Kleist schon vor sechs Wochen verlassen und sich bei dem Arzt einquartiert, der ihm ein Zimmer ausgeräumt und überlassen hat. Dort trifft Ulrike den Bruder, umgeben von Manuskripten und Papierstapeln an, arbeitend wie ein Gesunder, der er wohl wieder war.

Nun hegte Kleist den Plan, nach Wien zu gehen und dort zu versuchen, der deutschen Dichtung das beizugeben, was seiner Meinung nach Goethe und Schiller versäumt hatten und weiterhin versäumten. Wie immer, wenn er bei bester Gesundheit war, erfaßte ihn ein Schub von Optimismus, der sich in der Regel alsbald in Enttäuschung verwandelte gleich dem Stoßseufzer seines Vorfahren: »Das Lob war nicht zu groß, das mir die Welt beschieden ...«

Sein Freund Ludwig Wieland wollte ihn nach Wien begleiten, der aber geriet in Schwierigkeiten: Nach der Kapitulation des helvetisch-republikanischen Regimes am 18. September 1802 war es zu einigen Schikanen gekommen. Wieland, keck und vorlaut wie stets, erlaubte sich ein paar witzige, unvorsichtige Bemerkungen über die Auflösung der bisherigen Regierung, in der er einen kleinen Posten bekleidete, und wurde sofort ausgewiesen.

Weder Kleist noch Ludwig Wieland hatte jetzt noch genügend Geld, um sich weiter in der Fremde herumzutreiben. Doch wollte der eine von ihnen, Kleist, zurück in die Heimat, so zog sein Freund es vor, sich irgendwo in der Abgeschiedenheit zu verbergen, bis sich der nächste Krieg erledigt hätte. Ludwig, eines von vierzehn Kindern des berühmten Christoph Martin Wieland, riet dem Freund beim Abschied, diesen seinen Vater zu besuchen, damit er etwas für ihn, Kleist, tun könne.

Und das war etwas, das allen, die mit Literatur zu tun hatten, wünschenswert schien. Denn Christoph Martin Wieland galt als ein »Dichterfürst«, der es an Berühmtheit und literarischem Einfluß durchaus mit Goethe aufnehmen konnte. Auch was die Vielseitigkeit angeht, dürfte er jeden Zeitgenossen überboten haben. Er schrieb nicht nur eine Menge Romane, Novellen, Gedichte, Märchen und Theaterstücke, sondern übersetzte auch als erster sämtliche Werke von Shakespeare. Darüber hinaus gab er den »Teutschen Merkur«, eine der bedeutendsten literarischen Zeitschriften, heraus. Sein Einfluß auf die Zeitgenossen machte ihn zum »Voltaire Deutschlands«. Auch verfaßte er einige »Comische Erzählungen«, damals als anstößig geltende – und heimlich verschlungene – erotische Novellen.

Der auf dem Landgut Oßmannstedt bei Weimar lebende alte Herr kennt bereits einige Arbeiten des jungen Kleist, der mit seinem jüngsten Sohn befreundet

Gut Oßmannstedt

ist. Er hat auch Gedichte von ihm gelesen, die ihm gefallen haben. Kleist zögert trotzdem, ohne seinen Freund bei dessen Vater aufzutauchen und wagt es schließlich, allein bei ihm vorzusprechen. Er ist erstaunt, wie freundlich er empfangen wird, man zeigt ihm ein hübsches Zimmer und sagt ihm, er könne darin wohnen und schreiben, so lange er wolle.

Spätere Biographen haben den Verdacht geäußert, daß diese übergroße Freundlichkeit auf Berechnung von Vater und Sohn beruht habe – es sei ihnen darum gegangen, einen Mann für die jüngste Tochter Luise zu finden. Was unwahrscheinlich ist, denn Luischen ist bildhübsch und zu diesem Zeitpunkt erst dreizehn Jahre alt, ein fröhliches Mädchen, um dessen Zukunft bei diesem Vater keine Sorge notwendig sein dürfte.

Seit Lessing ihn in seiner »Hamburger Dramaturgie« den »ersten denkenden Kopf unter den Autoren« genannt hat, steht der alte Wieland auch in dem Ruf eines Königsmachers. Er verhilft jungen literarischen

Talenten zum Durchbruch beim Publikum. Daß der
junge Dichter, der noch nichts herausgebracht hat, vielen Interessierten immerhin dem Namen nach bekannt
ist, hat er allein dem Vielschreibenden auf Oßmannstedt zu verdanken. Jetzt sitzen beide beieinander, der
junge und der alte Mann, wenn auch nicht unbedingt
als ein Herz und eine Seele.

Den Literaturlöwen von anno dazumal sollte man
sich wohl nicht als stets zuvorkommenden, überaus
liebenswürdigen Menschen vorstellen. Laut eigenem
Urteil hatte er sich schon früh, sechsundzwanzigjäh-
rig, als »Chamäleon« bezeichnet, er gilt als äußerst
reizbar, was er mit »wetterfühlig« erklärt. Auch sein
Äußeres scheint nicht eben eindrucksvoll gewesen zu
sein, von seinen Zeitgenossen erfährt man von seiner
»unansehnlichen Gestalt«, seiner blatternarbigen Haut
und seinen Launen. Alles in allem ein schwieriger Charakter.

Dasselbe läßt sich von dem jungen Gast sagen. Ihm
eignen ebenfalls Angewohnheiten, die die Mitmenschen
stören. Bei Kleist ist es ein Knirschen mit den Zähnen,
das Wieland nervös macht, am Mittagstisch wie auch
bei seinen überlauten Vorträgen. Die beiden lieben sich
nicht gerade, aber sie erkennen in sich zwei ähnliche
Absolute, die einander trotz allem imponieren. Es ist
wohl jene Unbedingtheit, die ihnen mehr wert ist als
Freundschaft oder Zuneigung.

Der Gastgeber hört aufmerksam zu, wenn Kleist
seine Texte, vorzugsweise aus der »Familie Schroffenstein«, vorträgt, oft stundenlang. Später schreibt Wieland in einem Brief: »Von diesem Augenblick an war es

bei mir entschieden, Kleist sei dazu geboren, die große Lücke in unserer dermaligen Literatur auszufüllen.«

Kleist verweilt viel zu lange auf Oßmannstedt, bis weit über Weihnachten hinaus. Vielleicht war es zuletzt doch eine keimende Liebe zur jungen Luise, die ihn oder den Vater zwang, dem Aufenthalt ein Ende zu setzen.

Wie sehr beide, Wieland und Kleist, den Aufbruch bedauerten, geht aus ihren späteren Äußerungen hervor.

Nachdem er Ende Februar 1803 ohne Abschied Oßmannstedt verlassen hat, schreibt Heinrich von Kleist an seine Schwester Ulrike: »Ich habe mehr Liebe gefunden, als recht ist«, und drückt sich damit, wie so oft, doppeldeutig aus. Woraufhin der mißtrauischen Schwester, wie späteren Biographen, der Verdacht kommt, daß ihm die kleine Luise Wieland am Ende doch nicht zu jung erschienen sei.

Wieland schwärmt schon kurz nach dem Weggang seines jungen Gastes in Briefen von den Abenden, die er mit ihm verbracht hat, von dessen Vorträgen aus dem »Robert Guiskard«, mit dem er sich anfangs nicht hatte anfreunden können, und von der »Familie Schroffenstein«. Als die »Familie Schroffenstein« kurz darauf in einem Schweizer Verlag anonym als Buch erscheint, wird es, wie erwähnt, lange Zeit Wielands Sohn zugeschrieben.

In welchem Maße – damals wie heute – die Intellektuellen über Erfolg oder Mißerfolg neuer Literatur bestimmen, beweist der alte Wieland ohne eigenes Dazutun. Schnell verbreitet sich die Kunde, daß ein Mann namens Kleist bei ihm gewesen ist – ob zwei Monate

Christoph Martin Wieland

oder ein ganzes Jahr lang ist bis heute nicht geklärt –, und weckt das Interesse an dem jungen Mann, in dem man bereits den künftigen musischen Nachfolger sieht.

Nachdem bekannt wurde, daß das Trauerspiel von der »Familie Schroffenstein« nicht von Wieland, sondern von Kleist stammt, erscheinen einige Artikel in den Feuilletons. Nach dem »Teutschen Merkur« bringt »Der Freimüthige«, Kotzebues Zeitschrift in Berlin, einen langen Bericht unter dem Titel »Die Erscheinung eines neuen Dichters« und rühmt diesen als von »wahrhaft Shakespearschem Geiste«. Andere Rezensionen in minderen Blättern schließen sich an, auch Verrisse bleiben nicht aus, die den Namen des neuen Autors aber eher noch prominenter machen.

Das bisher nur als Buch erschienene Theaterstück findet 1804 endlich sogar eine Bühne, die eine Inszenierung wagt. Es ist das Grazer Nationaltheater, das dem Autor Kleist allerdings nichts über die Uraufführung mitteilt. Den Aufführungen seiner Theaterstücke ist zu seinen Lebzeiten wenig Glück beschieden; nie hat er ein einziges seiner Stücke auf einer Bühne gesehen.

Wieland und Kleist, diese so verschiedenen Charaktere, hält man, und das keineswegs ganz zu Unrecht, für gleichwertige Literaten. Mag der Ältere der beiden auch der unterdessen fast Vergessene sein, er war es immerhin, der den Ruhm des Jüngeren als erster verkündete. In einer literarischen Gesellschaft, in der Mißtrauen gegenüber den neuen Romantikern geäußert wurde, soll er ausgerufen haben: »Aber meine Herren, vergessen Sie den Fall Kleist nicht!«

Pfuel sucht vergeblich seinen Freund

Seinem Gönner Wieland hat Kleist den »Zerbrochenen Krug« weder gezeigt noch jemals mit ihm darüber
gesprochen. Wahrscheinlich aus der Befürchtung heraus, dieser würde ein heiteres, lustiges Stück für etwas
Minderes halten und, wie viele andere, ein Trauerspiel,
und sei es so eine grausige Geschichte wie die über
die Schroffensteins, vorziehen. Es dürfte sich wohl keine Literaturgeschichte finden, die den »Zerbrochenen
Krug« nicht als eine der gelungensten Komödien in
deutscher Sprache, neben Lessings »Minna von Barnhelm«, rühmt, dennoch läßt sich, und das bis heute,
sagen, daß besonders die Deutschen eine Tragödie und
ein Trauerspiel für wertvoller und wichtiger halten als
ein Stück, das sie zum Lachen bringt.

Von dem Kupferstich, der den Anlaß für den Wett-
bewerb der jungen Dichter bildete, haben wir schon
berichtet. In einer Vorrede zur Drucklegung des Lust-
spiels schrieb Heinrich: »Das Original war, wenn ich
nicht irre, von einem niederländischen Meister.« Er
irrte: Der Kupferstecher Jean-Jacques Le Veau hatte das
Bild nach einem Gemälde des französischen Malers
Debucourt angefertigt.

Kleist-Miniatur

Kleist hat sehr lange an diesem Lustspiel geschrieben, hatte es wahrscheinlich schon auf seiner Aare-Insel in der Schweiz, 1802, begonnen und später bei Wieland weiter daran gearbeitet, immer wieder, wie es seine Art war, verbessert, ergänzt, neu angelegt. Auch in Leipzig beschäftigt er sich eine Weile intensiv damit.

Dort lernt er 1803 den Satiriker und Philantropen Johann Daniel Falk kennen, der gerade an dem antiken Komödienstoff Amphitryon arbeitet. Was Kleist auf die Idee bringt, seinerseits eine Persiflage auf den »Amphitryon« von Molière zu schreiben. Ob sie eine Art Werkstattgemeinschaft gebildet und zusammengearbeitet, sich gegenseitig angeregt und ergänzt haben, bleibt offen – Falk hat auf die Dauer in der Literatur nicht standgehalten. Sein »Amphitryon« erschien eher als Kleists Text, dafür kam letzterer erstmals unter dem Namen seines Autors Heinrich von Kleist heraus.

Bald aber fühlt er sich in Leipzig einsam und empfindet die geschäftige Handelsstadt als zu kommerziell und begibt sich nach Dresden. In der Barockstadt trifft er seinen Freund Ernst von Pfuel wieder und diktiert ihm die ersten Seiten des »Zerbrochenen Krugs«, die dieser eigenmächtig etwas veränderte und umschrieb, was zur Folge hatte, daß Kleist den Text neu arrangieren muß. Darüber wird er krank, trägt sich mit Selbstmordgedanken. Er schlägt Pfuel vor, mit ihm zusammen Selbstmord zu verüben. Pfuel aber bleibt gelassen: »Noch ist es nicht Zeit«, sagt er ohne jegliche Erregung, »warte nur noch, sobald es an der Zeit ist werde *ich* dir's sagen!«

Der alte Freund aus Potsdamer Soldatenzeiten setzt sich mit seinem Befehlston durch. Kleist beruhigt sich und fügt sich.

Pfuel beobachtet seinen Freund sorgsam. Er leidet mit ihm, teilt Kleists Kummer darüber, daß er nirgends den erhofften, und, wie er glaubt, ihm angemessenen Ruhm erringt. Um ihn abzulenken, macht er den Vorschlag, gemeinsam eine Reise in die Schweiz zu unternehmen.

Pfuel hat kein Geld, Kleist natürlich auch nicht, denn die kleine Erbschaft hat er mittlerweile völlig aufgebraucht. So ist es wieder Ulrike, die um Hilfe gebeten werden muß, sie zögert nicht und bringt das nötige Geld sogar eigenhändig nach Dresden. Im Juli 1803 brechen die beiden Freunde auf, Kleist mit dem umfangreichen Manuskript des »Robert Guiskard« im Gepäck, an dem er auf Drängen Pfuels, wie er später sagte, unterwegs auch gearbeitet hat.

Sie besuchen Bern und Thun, verbringen ein paar Tage bei der Fischerfamilie auf der Aare-Insel und reisen dann weiter über Lyon nach Paris. Sein Ungenügen, den »Guiskard« vollenden zu können, stürzt Kleist erneut in eine Krise, und wieder macht er Pfuel den Vorschlag, gemeinsam aus dem Leben zu scheiden. Diesmal aber kommt es zum Streit zwischen den Freunden, und Heinrich verläßt im Zorn das gemeinsame Hotelzimmer. Als er später zurückkehrt, ist Pfuel verschwunden. Aus Wut und wahrscheinlich auch Scham, begeht Kleist eine Art Mord: Er vernichtet das Manuskript des »Robert Guiskard«. »Ich habe mein Werk, soweit es fertig war, in Paris durchlesen, verworfen und verbrannt«, schreibt er an Ulrike. Und fügt hinzu: »Und nun ist es aus.«

Ganz stimmt das nicht – verzweifelt verläßt Kleist Paris zu Fuß und ohne Paß.

Pfuel aber, der wieder ins Hotel zurückgekehrt war und den Freund nicht antraf, begab sich voller Sorge auf die Suche. Zusammen mit dem Potsdamer Ehepaar Werdecks, das er unterwegs zufällig getroffen hatte, ging er zur Polizei, zur Preußischen Gesandtschaft und suchte den Freund sogar im Pariser Leichenschauhaus. Auch dort, gottlob, fanden sie ihn nicht.

Kleist, dem es schlechter geht als je zuvor, streift mehr oder weniger sinn- und ziellos durch die Gegend. Da er kaum noch Geld hat, kann er sich keinen Wagen leisten, dazu kränkelt er und zweifelt nun auch an seiner Begabung. Aus Genf schreibt er in einem Brief

an Ulrike: »Das Schicksal, das den Völkern jeden Zu-
schuß zu ihrer Bildung zumißt, will, denke ich, die
Kunst in diesen nördlichen Himmelstrichen noch nicht
reifen lassen. Töricht wäre es wenigstens, wenn ich
meine Kräfte länger an ein Werk setzen wollte, das,
wie ich mich endlich überzeugen muß, für mich zu
schwer ist. Ich trete vor einem zurück, der noch nicht
da ist, und beuge mich mit einem Jahrtausend im vor-
aus vor seinem Geiste.«

Resigniert beschließt er, jetzt doch in das von ihm so
gefürchtete Potsdam zurückzukehren.

Als er endlich, nachdem er im Rheinland eine un-
definierbare Krankheit auskuriert hat, sein Ziel erreicht, sucht er als erstes Pfuel auf. Eines Abends be-
tritt er überraschend dessen Zimmer, und Pfuel, der
Regimentsoberste, erschrickt und glaubt, einen Geist
zu sehen – er hatte Kleist für tot gehalten. Wenig später
aber liegen sich die beiden Freunde in den Armen.

Angst vor Potsdam

Ernst von Pfuel, ein rechtschaffener, geradliniger Mann, der sein Leben in den Dienst Preußens gestellt hat und später, im Revolutionsjahr 1848, seinem Land wieder auf die Beine helfen wird, ist ein aufrichtiger, zuverlässiger Freund Kleists. Das weiß Heinrich und hofft, bei ihm Hilfe zu finden. Er erklärt ihm seine Angst vor Potsdam und berichtet ihm offen und ausführlich von einer prekären Sache, in die er sich »wie ein eigensinniges Kind«, laut eigenem Bekenntnis noch in Paris verstrickt hatte: Er, der ehemalige preußische Offizier, hatte sich angeschickt, in das französische Heer einzutreten, um an der von Napoleon geplanten Invasion Englands teilzunehmen. Die eigens dafür gebauten Flachboote standen schon bereit. Obwohl er abgewiesen wurde und Frankreich mit Preußen noch nicht im Krieg lag, erfüllte sein freiwilliges Anerbieten den Tatbestand des Hochverrats.

Zu seinem Glück traf er auf einen französischen Militärarzt, der ihn, als seinen Diener getarnt, in seinem Haufen bis Boulogne mitnahm, wo es eine preußische Botschaft gab, die ihm einen Ersatzpaß bis Paris ausstellen konnte. Dort empfing ihn Girolamo Marquis

Ernst von Pfuel

Lucchesini, der italienische Botschafter in preußischem Dienst, versah ihn mit weiteren Papieren und nötigen Unterlagen und empfahl ihm dringend, sich spornstreichs nach Potsdam zu begeben. Denn die Franzosen sahen in Kleist jetzt einen gefährlichen Spion, und erst kürzlich war ein preußischer Adliger, den man für einen russischen Spion gehalten hatte, füsiliert worden.

Das alles erzählt er Pfuel. Und der versteht diese Angst vor Potsdam: Wie wird König Friedrich Wilhelm III. sich verhalten, wenn er erfährt, daß ein einstiger preußischer Offizier dem Erzfeind Napoleon Bonaparte angeboten hat, sich am Überfall auf England zu beteiligen?

Pfuel rät dem Freund, sich erst einmal an die Familie um Hilfe zu wenden.

Doch auch seiner Familie gegenüber empfindet Kleist

ein gewisses Unbehagen. Er ahnt, daß sie, wie fast alle im Lande, auf einen Befreiungskrieg gegen Napoleon warten, ihn herbeisehnen, und ihn drängen würden, zum Militär zurückzukehren. Man tut fast so, als habe König Friedrich Wilhelm den Franzosen bereits den Krieg erklärt, doch dem war es bisher gelungen, sich gegenüber dem Eroberer von fast ganz Europa neutral zu verhalten.

Noch sind die meisten Grenzen Preußens offen, und das nutzt Kleist, verläßt das ungeliebte Potsdam und reist nach Dresden, wo er sich immer schon wohl gefühlt hatte. Stimmung und Gesundheitszustand bessern sich schnell, denn seine vor kurzem unter seinem Namen erschienene Buchausgabe der »Familie Schroffenstein« ist in Dresden fast mehr im Gespräch als in Berlin. Gilt er in Berlin und Potsdam als mißratener Offizier, so hält man ihn in Sachsen für einen neuen Stern am literarischen Himmel.

Er erfährt viel Lob, auch, was ihm wichtig scheint, von hübschen jungen Mädchen. Es sind vor allem die Schwestern Henriette und Karoline von Schlieben, die sich enthusiastisch über sein Buch äußern (das ihre Eltern allerdings, wie sie ihm nicht verschweigen, ekelhaft finden). Mehr als eine Freundschaft dürfte die drei trotzdem nicht verbunden haben, in später gewechselten Briefen benutzte man stets das höfliche »Sie«. An Henriette aber blieb in Dresden ein Leben lang der Spitzname »Kleists Braut« hängen.

Durch einen Freund Schillers, Christian Gottfried Körner, lernt Kleist die schöne Dresdnerin Emma Juliane Kunze kennen. Mit ihr möchte er sich verloben, wird aber abgewiesen. Sie gilt bis zu ihrem Lebensende als das Vorbild des Käthchens von Heilbronn, im geheimen aber nennt man sie »die Geliebte eines übergeschnappten Dichters«.

Wieland verfolgt diese Gerüchte mit Besorgnis und holt Kleist eines Tages aus Dresden wieder nach Oßmannstedt. Doch diesmal verläuft der Aufenthalt dort wenig unterhaltsam, fast schon ungemütlich. Kleist ist verschlossen und lustlos und verläßt seinen Gönner eines Tages plötzlich und ohne Dank. Er begibt sich zurück nach Potsdam und wendet sich nun hilfesuchend an die Familie, nachdem ein erneuter Versuch, Ulrike um Geld zu bitten, fehlgeschlagen war, auch sie hatte »nicht mehr viel Mitleiden mit mir«, wie er es ausdrückte.

Tatsächlich wird ein Familienrat einberufen, der, wenn auch nicht gerade großzügig, beschließt, Heinrich zunächst drei Monate lang mit fünfundzwanzig Reichstalern auf die Beine zu helfen. Man geht davon aus, daß es einem Kleist in Preußen leicht gelingt, in diesem Zeitraum eine passende Anstellung zu finden.

Einige ehemalige Kumpane, die von seiner Notlage wissen, wollen ihn erneut für eine Art Spionagetätigkeit anheuern, aber das lehnt er ab. Statt dessen begibt er sich zum Fürsten Hardenberg, der bislang die preußische Neutralitätspolitik mittrug, jetzt aber auf das Gegenteil hinarbeitet: auf den Kampf gegen Napoleon. Er rät Kleist, nach Königsberg zu gehen – Hardenberg, der in dem Ruf steht, die politischen Entwicklungen vorauszusehen, will dort eine Art von zweiter Hauptstadt einrichten. Königsberg liegt zwar etwas abseits an der Ostsee, doch nahe dem wahrscheinlichen Mitstreiter im bevorstehenden Kampf: dem Zaren von Rußland.

Ein weiteres Angebot kommt aus dem entfernteren Kreis der Familie: Seine angeheiratete Cousine, Marie von Kleist geborene Gualtieri, hat einen Bruder, der Flügeladjutant des Königs ist. Im kommenden Jahr soll er als Gesandter nach Madrid geschickt werden, und dahin will er Heinrich mitnehmen. Zunächst nur privat und ohne Gehalt, nach einjähriger Bewährungszeit dann als vollhonorierten Attaché.

Doch jetzt meldet sich Potsdam, wie Kleist gefürchtet hatte, zu Wort und durchkreuzt dieses Angebot: Der König untersagt dem entlaufenen preußischen Offizier strikt, dieses Angebot anzunehmen. Was sich etwas später als Glücksfall herausstellt: Peter von Gualtieri stirbt nach wenigen Monaten unter dubiosen Umständen. Man spricht von Mord wegen unbezahlter Schulden.

So versucht sich Heinrich an einigen Schreibtischposten in der Militärbehörde, hält es jedoch wenig länger als ein paar Tage aus. Daher ist er beinahe froh, als er zu einer Aussprache zum König gerufen wird. In seiner Angst und Aufregung bittet er Ulrike, ihn zu begleiten.

Die Aussprache soll im Schloß Charlottenburg stattfinden. Am 24. Juni 1804 finden sich die beiden dort ein – es ist nicht überliefert, ob Ulrike mit ins Schloß hineingelassen wurde oder ob sie draußen gewartet hat –, doch nicht erschienen ist Friedrich Wilhelm III. An seiner Statt trifft Kleist auf den Flügeladjutanten des Königs, Karl Leopold von Köckeritz, der ihm ohne Umschweife klarmacht, daß die Majestät nicht gut auf ihn zu sprechen sei und er es daher für ratsam halte, wenn dieser einen höflichen Brief an den König schreibe.

Köckeritz ist das Gegenteil eines überheblichen, selbstgefälligen Offiziers. Er stammt aus einer bettelarmen Familie und wurde in einer seiner ersten Amtshandlungen als König von FW III. an seinen Hof geholt, denn diesem gefiel, wie sorgsam der junge Mann mit seiner Uniform umging, da er nur eine hatte und sich keine neue leisten konnte. Sparsamkeit überzeugte Friedrich Wilhelm. Da er sich auch sonst auf ihn verlassen konnte, übertrug er ihm bald die Aufgabe, die tagtäglich eintreffende Flut von Bittschriften zu bearbeiten – nur wer die Armut kennt, meinte der König, könnte wirklich gerecht über Hilfsbedürftigkeit urteilen, besser wenigstens als die hohen Offiziere aus reichen Familien.

Köckeritz allerdings war sich seiner selbst nie so ganz sicher und vertraute einmal, kennzeichnend für ihn, dem General Hermann von Boyen an: »Ich bin recht unglücklich, wenn zwei Parteien über eine Sache mit mir sprechen, dann wissen sie es immer so einzurichten, daß ich gar nicht weiß, wer recht hat.«

Kleist teilt er bei diesem Treffen mit, daß es sinnlos sei, auf eine Wiederaufnahme ins Militär zu hoffen. Der würde der König nie stattgeben. Seine einzige Möglichkeit sei, »das, was Ihre Majestät Ihnen anlastet, in einem Brief zu entsagen«. Und als Heinrich fragt, was er sich denn habe zuschulden kommen las-

sen, erhält er die naive, und bald oft zitierte, Aufzäh-
lung: »Sie haben die Armee verlassen, dem Zivildienst
den Rücken gekehrt, das Ausland durchstreift, Verschen gemacht.« Das ist zuviel für Kleist. Das »Verschen gemacht« empfindet er als eine pauschale Absage
an das, was für ihn wichtig ist, und er bricht in Tränen
aus. Was nun wiederum Köckeritz erschreckt, denn er
hat durchaus Verständnis für den jungen Mann, möchte
ihm sogar helfen und bittet ihn nun mehrmals um Ver-
zeihung. Als Kleist sich einigermaßen wieder gefaßt
hat, beendet der Flügeladjutant das Gespräch mit den
Worten: »Der König hat eine vorgefaßte Meinung von
Ihnen; ich zweifle, daß Sie ihn ändern können. Versuchen Sie es und schreiben Sie an ihn.«

Geschlagen kehrt er zu Ulrike zurück und kann sich
trotzdem etwas später eigentlich als Sieger fühlen: Am
ersten Tag des Juli erreicht ihn ein Brief vom Hofe, den
er stolz der Familie präsentieren kann. Darin werden
ihm Dienste im Heer erlaubt, was einer Begnadigung
gleichkommt. Es meldet sich ferner die angeheiratete
Verwandte Marie von Kleist, die eine Stellung am Hof
der Königin Luise innehat. Sie schickt ihm eine statt-
liche »Pension« von dreihundert Königstalern, kein Ver-
gleich mit den Almosen aus der eigenen Familie, ge-
dacht als Ermunterung zur Fortführung seiner Dichtung. Es ist wahrscheinlicher, daß der Hauptteil dieser
Summe aus der Privatschatulle der Königin Luise
stammt, aber das blieb stets unausgesprochen.

So hält es Kleist jetzt, da er es sich leisten kann, für
das beste, dem Rat Hardenbergs folgend, sich nach
Königsberg zu begeben. Um nicht wieder das ganze

Geld gleich auszugeben, mietet er weder eine Postkutsche, noch kauft er sich Pferd und Wagen, sondern macht sich von Berlin aus zu Fuß auf die Reise.

Hardenberg hat ihn knapp, aber präzis über seine Chancen in der Hauptstadt Ostpreußens informiert. Als Rechnungsführer kann er sofort eintreten und mit einem anständigen Jahresgehalt rechnen. Wenn er höher hinauf wolle zur Steuer- und Finanzwissenschaft, solle er noch ein Jahr an der Königsberger Universität studieren.

Heinrich macht beides. Von seinem neuen Mentor, Karl Freiherr von Stein zum Altenstein, der selbst am besten weiß, wie man Karriere macht, wird er im Finanzdepartement angestellt. Nebenher studiert er an der Universität, wo er auf den Ehemann seiner einstigen Verlobten trifft. Nach einem Besuch bei Kleist in Königsberg, beklagt sich seine Schwester Ulrike über den Bruder, für den sie, wann immer er es brauchte, so viel getan habe, der nun aber sich ihr gegenüber »heftig, wild und ungerecht« benehme.

Das hat einige Gründe: Ulrike verkehrt freundschaftlich und gesellschaftlich mit dem Ehepaar Krug, während Kleist seiner Ehemaligen aus dem Weg geht. Auch ist er unter Altenstein zu solch einem fleißigen Arbeiter geworden, daß er über wenig freie Zeit verfügt. Und noch dazu foltert ihn, vor allem nachts, eine Art Wechselfieber oder rheumatische Schmerzen. Trotzdem profitiert von dieser für ihn ungewöhnlich arbeitsamen Königsberger Zeit sein schriftstellerisches Werk. Die Sonntage und Nächte verbringt er mit Korrekturen, Änderungen und Neuanfängen: sein Stil erhält hier seine Präzision und Dichte, vom Lust- und Trauerspiel findet er zurück in die Prosa.

Berühmt geworden ist der Auftakt zu einer Erzählung, der von jedem Biographen zitiert worden ist: »An den Ufern der Havel lebte um die Mitte des sechzehnten Jahrhunderts ein Roßhändler namens *Michael Kohlhaas*, Sohn eines Schulmeisters, einer der rechtschaffendsten Menschen seiner Zeit.« Der ungekünstelte Satz verrät nichts und läßt doch so vieles ahnen, daß der Leser die Spannung der Erzählung bereits vorausspürt.

Daß in der Ferne schon wieder ein Krieg beginnt, bringt Kleists Vorhaben, die er zum Teil bereits in Angriff genommen hat, durcheinander. Die Zukunft ist plötzlich wieder ungewiß. Was wird aus Königsberg, Preußens Ersatzhauptstadt, wenn der unbesiegbare Napoleon Bonaparte die neue Allianz der Staaten, unter ihnen Preußen, schlägt? Aus einem Beamtenposten, zu dem die Familie ihn drängt und den er jetzt seiner Schriftstellerei zuliebe auch annehmen würde, dürfte einstweilen nichts werden, wenn wieder zu den Waffen gerufen wird.

Dabei hatten sowohl Potsdam, Königsberg und sogar das bayerische Ansbach ihm einen beamteten Posten angeboten. Seine Arbeitswut läßt nach, was er mit einer erneuten, langwierigen Krankheit begründet, für die die Ärzte allerdings keine Anzeichen finden. Er selbst nennt sie »Gram« und »Verstopfung« und läßt sich für fünf Wochen nach Bad Pillau schicken, wo er weiter an seinen Dramen und Erzählungen arbeitet sowie an Neufassungen von »Amphitryon« und »Penthesilea«.

Parade der französischen Garde vor Napoleon I.
im Berliner Lustgarten, Oktober 1806

Er ist jetzt seit einem Jahr in Ostpreußen und, wie man sagen könnte, weit ab vom Schuß. Aber im Oktober 1806 erleiden die Preußen bei Jena und Auerstedt eine bittere Niederlage, das Königspaar flieht mit dem gesamten Hof nach Königsberg und von dort weiter nach Memel. Kleist erhält keine »Pension« mehr, sie wird ihm gesperrt eines Vergehens wegen, das er nicht begangen hat: Ein anderer der »Kleiste«, der General-leutnant Kasimir von Kleist, hatte die Festung Magde-burg ohne jeglichen Widerstand dem Feind übergeben. Heinrich aber gerät dadurch, neben all den Problemen, die er mit sich selbst hat, in erneute Schwierigkeiten.

Seine beiden Vorgesetzten, Altenstein und Hardenberg, die mit seiner Arbeit zufrieden gewesen sein müssen, gewähren ihm sechs Monate Urlaub. Und er, der
Diener eines wahrscheinlich nicht mehr lange existie-
renden Staates und wieder einmal in finanziellen Nöten, nutzt die Freiheit und schließt sich einer Schar
Flüchtlinge an, unter ihnen Pfuel und zwei entlassene
Offiziere. Ziel der Gruppe ist Dresden, das höchstwahrscheinlich Kleist vorgeschlagen hat.

Zuvor führt ihr Weg sie nach Berlin, denn keiner von
ihnen hat Geld. Heinrich hofft, von Marie von Kleist
oder seiner Halbschwester Ulrike Unterstützung erbit-
ten zu können, die anderen wollen sich an die militärischen Kassen in Potsdam wenden.

In Stettin, bis wohin die französischen Truppen inzwischen gekommen sind, hatten sie sich neue Visa be-
schafft. Dort trennte sich Pfuel von der Gruppe. Kleist
traf mit Christoph Albert von Ehrenberg und dessen
Bruder Karl Franz, Rittmeister der eine, Leutnant der
andere, im besetzten Berlin ein. Sie meldeten sich bei
der französischen Militärverwaltung, um ein Visum
für Dresden zu erhalten. Was man ihnen verweigerte –
statt dessen wurden sie als mutmaßliche Spione verhaftet und in Wustermark bei Berlin in ein enges, unter-
irdisches Gefängnis voller Ungeziefer gesperrt.

Ulrike wurde nun nicht müde, den neuen französischen General in Berlin, Clarke, mit Freilassungs-
forderungen zu bestürmen, ihn mit Bitten und auch
Äußerungen ihrer Empörung zur Einsicht in den of-
fenkundigen Irrtum zu bringen: ohne Erfolg.

Die drei wurden über Marburg, Mainz, Straßburg

und Besançon in das Fort de Joux, nahe der Schweizer Grenze, gebracht, ein Schloß auf nacktem Felsen, ein Kerker ohne Licht und Luft. Hier sollte die »Penthesilea« neu erstehen.

KAPITEL 8

*Wie Glück und Pech
einander ähneln*

Ihr Geld nahm man den Gefangenen ab«, liest man bei Peter Fischer, einem der modernen Kleist-Biographen, »aber er hatte keins.« Tatsächlich machten die Franzosen in diesem Fall keine gute Figur. Hatten sie bei der Verhaftung den – zugegeben törichten und abenteuerlichen – Weg der Preußen durch französisches Grenzland für eine Spionagetätigkeit gehalten, so konnten sie dann nicht einmal entscheiden, ob sie die verdächtigen Leute als Staats- oder Kriegsgefangene behandeln sollten. Der stets besonnene und alerte Pfuel wußte schon, warum er an der Grenzüberschreitung nicht teilgenommen und einen weniger anfechtbaren Weg nach Hause gewählt hatte.

Im Fort de Joux sprach man den Beschuldigten dann den üblichen Gefangenensold zu, ihren Offiziersrängen entsprechend 37 Francs im Monat, und sprach sie damit mehr oder weniger vom Verdacht der Spionage frei. Später brachte man sie sogar in das normale Offizierslager in Châlons-sur-Marne, wo sie sich auf Ehrenwort frei bewegen konnten.

Hier entstehen die ersten Prosa-Manuskripte Kleists und das zweite lange Gedicht, das eigentlich ein Theaterstück ist, ein Trauerspiel – »Penthesilea«.

HEINRICH von KLEIST - GALLERIE.

Paul Heydel inv.   1885.   Vervielfältigung vorbehalten.

Penthesilea.
Scene 15.

SOPHUS WILLIAMS KUNSTVERLAG BERLIN.

»Penthesilea«, Kreidezeichnung von Paul Heydel, 1885

In der griechischen Mythologie ist Penthesilea die Königin der Amazonen, die von Achilles im Trojanischen Krieg erschlagen wird. Hier ist es umgekehrt: Penthesilea tötet Achilles. Auf welch scheußliche Weise erfährt man bei Kleist im 23. Auftritt, vorher läßt er die beiden sich ebenso erbittert bekämpfen wie sich leidenschaftlich ineinander verlieben.

»Ha! Sein Geweih verrät den Hirsch«, ruft sie,
Und spannt mit Kraft der Rasenden sogleich
Den Bogen an, daß sich die Enden küssen,
Und hebt den Bogen auf, und zielt und schießt
Und jagt den Pfeil ihm durch den Hals; er stürzt;
Ein Siegesschrei schallt roh im Volk empor.
Jetzt gleichwohl lebt der Ärmste noch der Menschen,
Den Pfeil, den weit vorragenden, im Nacken,
Hebt er sich röchelnd auf, und überschlägt sich,
Und hebt sich wiederum und will entfliehn;
Doch »Hetz!« schon ruft sie: »Tigris! hetz, Leäne!
Hetz, Sphinx! Melampus! Dirke! hetz, Hyrkaon!«
Und stürzt – stürzt mit der ganzen Meut', o Diana!
Sich über ihn, und reißt – reißt ihn beim Helmbusch,
Gleich einer Hündin, Hunden beigesellt,
Der greift die Brust ihm, dieser greift den Nacken.
Daß von dem Fall der Boden bebt, ihn nieder!
Er, in dem Purpur seines Bluts sich wälzend,
rührt ihre sanfte Wange an, und ruft:
»Penthesilea! meine Braut! was tust du?
Ist dies das Rosenfest, das du versprachst?«
Doch sie – die Löwin hätte ihn gehört,
Die hungrige, die wild nach Raub umher,

Auf öden Schneegefilden, heulend treibt –
Sie schlägt, die Rüstung ihm vom Leibe reißend,
Den Zahn schlägt sie in seine weiche Brust,
Sie und die Hunde, die wetteifernden,
Oxus und Sphinx den Zahn in seine rechte,
In seine linke sie; als ich erschien
Troff Blut von Mund und Händen ihr herab
(Pause, voll Entsetzen)
Vernahmt ihr mich, ihr Fraun, wohlan, so redet,
Und gebt ein Zeichen eures Leben mir.

Merkwürdigerweise machte seine Gefangenschaft den
jungen Dichter in weiten Kreisen bekannt, beinahe
ein Beweis für den anfechtbaren Satz Heraklits, der
Krieg sei der Vater aller Dinge. Erregten die Kritiken
zur Buchausgabe der »Penthesilea« einiges Aufsehen,
so noch mehr das zweite gedruckte Bühnenstück, diesmal ein Lustspiel: »Amphitryon«, nach Molière. Daß
ein preußischer Dichter auf einen ihrer, wenn auch
längst verstorbenen, Landsleute zurückgriff, nahm die
französischen Lageroffiziere sicher sehr für ihn ein.
Ein noch lebender Landsmann, ehemals aus Preußen
stammend, jetzt als Weltbürger bei Wien und auch in
Prag lebend, der in seiner Zeit einflußreiche politische
Schriftsteller Friedrich von Gentz, äußert sich voll des
Lobes über »Amphitryon«: »Bei Molière ist das Stück
am Ende doch nichts als eine Posse. Hier aber verklärt
es sich in ein wirklich Shakespearesches Lustspiel und
wird komisch und erhaben zugleich.«
Nicht der Krieg ist hier der Vater aller Dinge, sondern die Literatur. Oder ist es ein Zufall, daß der Be-

fehlshaber der französischen Besatzungstruppen in Berlin, General Clarke, schon eine Weile die Entlassung Heinrich von Kleists vorschlägt? Er muß trotzdem ausharren bis zum Frieden von Tilsit, bis Preußen von Napoleon anscheinend endgültig besiegt ist. Doch im Gefangenenlager, wo ihn auch der Brief von Friedrich von Gentz erreicht, wird er als Literat hoch geschätzt, von Mitgefangenen, vom Militär, und erfährt sogar Anerkennung von der Familie.

Er vergräbt sich in die Arbeit, schreibt nebeneinander an verschiedenen Werken. Das würde jeden anderen verwirren, ihn nicht, weil er in jeder Arbeit, groß oder klein, sein Anliegen rückhaltlos vertritt. Er ist ja kein Moralist, wie das Gros der Romantiker und Klassiker, kein unbedingter Menschenfreund, kein Gelehrter, wenigstens nicht in seinen Hauptwerken, sondern ein Einzelgänger. Einer, der anecken will und etwas ist, wovor sich die meisten deutschen Schriftsteller hüten, nämlich frech.

Als Ludwig Tieck einige Jahrzehnte später die Nachlässe von Wackenroder, Novalis, Kleist und Lenz herausgibt, schreibt er über eine mißglückte, weil offenbar in vielem übertriebene Aufführung des »Prinz von Homburg« in Wien: »Kein Wunder, daß die Aufführung mißlingen mußte. Wenn man Kleist steigert, wird daraus Kleister.« Wenn Kleist noch gelebt hätte, hätte er diesen frechen Kalauer vielleicht sogar verziehen.

Der Frieden von Tilsit wird am 9. Juli 1807 geschlossen, und vier Tage später werden die Gefangenen in die Freiheit entlassen. Kleist steht wieder einmal ohne Geld da, denn die Buchhonorare sind noch von keinem der beiden Verleger eingetroffen und die ihm zustehenden Reisespesen aus den Kassen der bereits im Abbau befindlichen Kriegskasernen verschwunden. Am 1. August trifft er in Berlin ein, entweder mit geliehenem Geld oder nach dem üblichen langen Fußmarsch, und meldet sich, wie befohlen, als entlassener Gefangener bei General Clarke, der kein Hehl daraus macht, daß er nun von all den zahlreichen Eingaben und Bittgesuchen für Kleist erlöst ist.

Der läßt Berlin so rasch wie möglich hinter sich. Es zieht ihn wieder nach Dresden. Dort will er versuchen, aus den ersten Erfolgen seiner Feder einen Beruf zu machen und Geld zu verdienen.

Ein Phönix in Dresden

Warum man den neunundzwanzigjährigen Heinrich von Kleist am 5. März 1807 als Freischärler oder Spion in Haft genommen hatte, ist nie geklärt worden. Zweifellos trauten ihm, dem Träumer und Phantasten, das die Franzosen, ja sogar die Preußen durchaus zu. Aber in Kriegen gibt es sehr viel Schlimmeres, als statt auf den Schlachtfeldern hinter Gittern zu sein, wo die Chancen, den Frieden zu erleben, in jenen Tagen meist größer waren.

Für Kleist war die Abgeschiedenheit von der Welt im Grunde das Beste, was ihm geschehen konnte. Es gab für ihn keinerlei Ablenkung, er flüchtete sich nicht einmal in irgendwelche Krankheiten oder Hirngespinste wie seine einstige Vorliebe für »Lebenspläne«. Er befaßte sich ausschließlich mit seiner Literatur, kurzen Notizen oder fertigen Arbeiten, meist Theaterstücken, darunter auch einigen, die ihm nicht mehr gut genug vorkamen. Alle seine Schriften trug er in Mappen mit sich. Ab und an las er den Mitgefangenen aus seinen Texten vor, allerdings nur dann, wenn er sie besser fand als alles, was er sonst kannte. Der Kriegsgefangenschaft und den Franzosen verdankte er, wenn auch ungewollt, daß er endlich wußte, was er wollte und konnte: schreiben.

Dabei lag es ihm fern, Moral zu predigen, was seiner Meinung nach die Klassiker sattsam besorgten, ebensowenig ging es ihm darum, die Welt in ihrer Ganzheit zu verschönern, wie es in seinen Augen versüßend die Romantiker taten. Er wollte die Wahrheit schreiben und vielleicht den Traum, dem eine eigene Wahrheit innewohnt.

Und er wollte mit der Literatur sein Auskommen haben.

Als er nun Ende Oktober 1807 das französisierte Berlin in Richtung Süden verläßt, teilt er seiner Halbschwester Ulrike noch in einem knappen Brief mit, daß er in Dresden bis zum Ende des Jahres eine Verlagsbuchhandlung gründen werde und bis dahin auch die notwendige Hypothek von fünfhundert Reichsthalern, bei einem Zinssatz von zweiundzwanzig Prozent, getilgt haben werde. Wie er dieses Kunststück bei all seinen Geldnöten fertigbringen will, läßt er offen. Aber als Ulrike unangemeldet bald darauf in Dresden erscheint, stellt sie zu ihrem Erstaunen fest, daß es ihm tatsächlich gelungen ist.

Was das Geschäftliche angeht, wird Kleist unterschätzt. Er hat auf diesem Gebiet Erfahrungen gesammelt, sowohl in Berlin als vor allem in der Königsberger Finanzbehörde, wo er oft das Erstaunen seiner Vorgesetzten hervorrief. Schon als Schüler hatte er sich schwärmerisch für die Fugger und die Medici, ein deutsches und italienisches historisches Handelshaus, interessiert und hätte gern zusammen mit Ulrike ein

Phöbus.

Ein Journal für die Kunst.

Herausgegeben

von

Heinrich v. Kleist und *Adam H. Müller.*

Erster Jahrgang.

Mit Kupfern.

Eilftes u. Zwölftes Stück. Novbr. u. Decbr. 1808.

Dresden,
im Verlage der Waltherschen Hofbuchhandlung.

ähnliches Unternehmen gegründet. Die Frage ist müßig, ob das gut gegangen oder ein Mißerfolg geworden wäre.

Beide Möglichkeiten gab es für den »Phöbus«, so der Name, den Kleist für das neue Projekt, eine Verlagsbuchhandlung, ausgesucht hat. Das altgriechische Wort bedeutet »der Strahlende« und ist ein Beiname des Gottes Apollon. Unter demselben Namen gibt er die

monatlich erscheinende Zeitschrift mit dem Untertitel
»Journal für die Kunst« heraus. Der Buchverlag soll
erst nach einer Weile dazukommen und wird »Phönix«
heißen.

Leitung und Redaktion der Zeitschrift teilen sich
Heinrich von Kleist und Adam Müller. Letzterer wird
zwar von vielen für einen Aufschneider gehalten, für
einen, der immer und überall dabeisein und hinein-
reden will, aber er ist populär und äußerst vielseitig.
Gebürtiger Berliner, schreibt er über Philosophie, über
Volkswirtschaft und Staatstheorie immer so, daß auch
das unakademische Lesepublikum ihn versteht.

Die Aktivität dieser beiden Geschäftsleiter reizen
auch die beiden Freunde Kleists, Pfuel und Rühle von
Lilienstein, ebenfalls ein ehemaliger Regimentskame-
rad, zur Mitarbeit. Mit Elan widmet man sich dem
Programm, das der jungen zeitgenössischen Literatur
gelten soll. Darüber wird schon viel geredet in deutschen Landen, und sogar die beiden Weimarer Goethe
und Schiller finden die gewagte Sache interessant. Auf
die Briefe aus Dresden allerdings, die sie um ein paar
Beiträge, Gedichte oder Prosa, bitten, reagieren sie
nicht. Die beiden Berühmtheiten sind anderweitig wohl
weitgehend überlastet.

Man ist auch nicht mehr so knapp an Finanzen: Das
notwendige Geld zum Start des Unternehmens stammt
aus Berlin. Kleist hat die Stadt, die unter der französischen Besatzung und deren Versorgung leidet, kurz-
fristig aufgesucht, aus Sparsamkeit wiederum zu Fuß.
Wo und wie er ausgerechnet im verarmten und besieg-
ten Berlin die beträchtlichen Summen, die er für sein

»Wolkenschloß« brauchte, loseisen konnte, hat er nie offenbart. Wer ihm da geholfen hat, die Familie oder Ulrike mit ihrem Vermögen, vielleicht auch Marie von Kleist, die einige geheime Konten der Königin Luise verwaltet, oder sogar der Fürst von Hardenberg, der jetzt mehr und mehr die Regierung von König Friedrich Wilhelm III. übernimmt – es ist und bleibt ein Geheimnis.

Neben dem Startkapital bringt Kleist aus Berlin auch ein Angebot für den Buchverlag mit nach Dresden. Wie das zustande kam, ist ebenfalls mehr zu vermuten als belegt, aber die Vermutung dürfte richtig sein, daß Hardenberg sich direkt an Kleist mit dem Vorschlag wandte. Das Ehepaar Hardenberg besitzt einiges Unveröffentlichtes ihres im Jahre 1772 erst achtundzwanzigjährig verstorbenen Verwandten, des Dichters Novalis, der eigentlich Friedrich von Hardenberg hieß. Diese noch unbekannten Werke des frommen Romantikers, der das Symbol der »Blauen Blume« für sich erfand, bieten sie dem Verlag an, und zwar umsonst und ohne jede Forderung eventueller Tantiemen.

Auch Adam Müller hat ein Angebot erhalten, das mehr als vielversprechend und gewinnbringend klingt. Bei General Clarke war eines Tages der französische Gesandte im sächsischen Dresden, François de Bourgoing, erschienen und hatte sich nach einem gewissen Heinrich von Kleist erkundigt, der ein Gefangener des Generals gewesen sei. Offensichtlich hat Clarke sich über diesen nur lobend geäußert, denn nun bietet der Gesandte in dem von Napoleon geschaffenen Staat Sachsen dem Verlag an, als einziger die deutsche Fas-

sung des französischen Gesetzwerkes zu verlegen, das
der Kaiser der Franzosen für sein Gesamtreich verfügt
hat, den »Code Napoleon«. Kein literarisches, dafür
ein brisantes Angebot. Beide Offerten sind geradezu
ideale Projekte für ein neues Verlagshaus.

Doch es wurde nichts daraus: Das Ehepaar Hardenberg will zwar keine Anteile am Gewinn, besteht aber
auf einer Prachtausgabe von mehreren Bänden, auf
Büttenpapier und mit kunstvollem Einband, und dazu fehlen »Phönix« die Mittel. Man sagt dankend ab.
Wie auch, nach einiger Überlegung, dem Gesandten
Bourgoing. Kleist sieht als erster ein, daß sie ablehnen
müssen. Denn er und fast alle seine Mitarbeiter sind
Preußen und bleiben es, auch wenn Napoleon einem
deutschen Land, Sachsen, in dem sie zufällig einen
Verlag aufbauen, Eigenständigkeit verliehen hat. Kleist
möchte doch nicht als Verräter seines Landes gelten.

Am Anfang eines Unternehmens zwei so wichtige
Angebote fallenzulassen, ist nicht das beste Omen für
den Verlag. So setzt Kleist jetzt erst einmal alles auf die
Buchhandlung, die sein alter Freund mit dem langen
Namen – Johann Jakob Otto August Rühle von Lilienstein – leiten soll. Der es im übrigen später zum Gene-
ralinspektor des Preußischen Militärbildungswesens
bringt.

Das Unterfangen, dem sich die jungen Leute so tat-
kräftig widmen, erregt Aufsehen in allen deutschen Län-
dern. Gerade in einer Zeit der Unterlegenheit scheint
ein Stück Kultur in deutscher, nicht in französischer
Sprache den kaum mehr vorhandenen Nationalstolz
etwas aufleben zu lassen. Es wird nicht das letzte Mal

sein, daß die Deutschen einen Krieg verlieren und dadurch einen Anstieg des kulturellen Lebens erfahren.

Was Kleist und seine Mitarbeiter übersehen, ist die Tatsache, daß es in Dresden bereits fünf Buchhandlungen gibt, die dem lesenden Publikum seit langem bekannt und vertraut sind. Man kann es diesen alteingesessenen Buchhändlern also kaum verübeln, daß sie dem »Phöbus-Schwindel«, wie sie es nennen, wenig freundlich entgegensehen und sogar Gegenaktionen planen.

Kleist findet einen Honoratioren der Gegend, den Herrn Karl Adolf von Carlowitz aus Liebstadt bei Pirna, der auch Majoratsherr von Liebstadt ist. Der weiß um den erbitterten Widerstand der fünf Stadtbuchhändler gegen die neue Buchhandlung und bietet Kleist ein unentgeldliches Handelsprivileg für eine Verlagsbuchhandlung in Liebstadt an. Der Vorschlag stößt bei den Mitarbeitern auf helles Entsetzen, so daß Kleist beschwichtigend erklärt, alles bleibe beim alten und von Liebstadt könne keine Rede sein. Wörtlich: »Es kann bei unseren literarischen und politischen Konnexionen gar nicht fehlen, daß wir den ganzen Handel an uns reißen.«

Konnexionen gibt es gewiß, aber zu wenig Geld. Wieder einmal muß der immer noch optimistische Geschäftsgründer seine Halbschwester Ulrike um Unterstützung bitten, um fünfzig Reichsthaler, damit zur Leipziger Herbstmesse ein Stand für die Buchhandlung eingerichtet werden kann. Sie antwortet, daß sie ihrem armen Heinrich zwar jederzeit helfen wolle, ihr aber diese »Firma Fugger« unheimlich sei.

Trotz all dieser Aufregung um die geschäftlichen Entwicklungen bleibt Kleist der etwas weltfremde Literat. So geschieht es eines Tages, daß er in aller Herrgottsfrühe sein Zimmer in der Rammschen Gasse verläßt und Pfuel aufsucht, der in der Nähe wohnt. Wie immer seine lange Pfeife rauchend – Kleist ist ein starker Raucher und seine Zimmer sind stets so vernebelt und rauchgeschwängert, daß die Vorübergehenden, wenn er ein Fenster öffnet, einen Wohnungsbrand vermuten. An diesem frühen Morgen wirkt er sehr traurig und bricht vor seinem Freund sogar in Tränen aus. Als Pfuel sich nach dem Grund des Kummers erkundigt, erwidert Kleist »Jetzt ist sie tot«. Und auf die Frage, wer denn gestorben sei, antwortet er »Natürlich Penthesilea, wer sonst?«

Einen Teil des langen Gedichts, das auch als Rezitationsstück aufgeführt werden wird, kann man noch im »Phöbus« abgedruckt lesen. Der gesamte Text erscheint später bei Cotta, denn da gibt es den »Phöbus« schon nicht mehr.

Und diese Entwicklung befürchtet Kleist schon, ehe das Unternehmen, an dem sie alle mit so großen Erwartungen arbeiten, auch nur halbwegs aufgebaut ist. Daß er selbst sich mehr mit dem Tod der Amazonenkönigin beschäftigt, als an Buchtitel-Einkäufe für den Verlag oder Beiträge für die Zeitschrift »Phöbus« zu denken, ist gefährlich, wenn das zunächst auch keinem auffällt. Kleist ist ein Unbedingter. Wenn er schreibt und dichtet, dann kann ihn nichts und niemand davon ablenken.

Daß er jetzt, da sich seine Vorstellungen einer Buch-

Adam Müller (1779–1829)
gab gemeinsam mit Kleist den »Phöbus« heraus

und Kunsthandlung als schwer zu realisieren herausstellen, wieder zur eigenen Literatur tendiert, ist für
das Unternehmen kein gutes Zeichen. Nachdem er die
»Penthesilea« neu überarbeitet und in endgültiger Fassung vollendet hat, beginnt er mit einem Bühnenwerk –
er nennt es ein »Historisches Ritterschauspiel« – nämlich dem »Käthchen von Heilbronn«. Später wird sich
die »Penthesilea« als sein unliebsamstes Werk herausstellen, das »Käthchen« wird das beliebteste sein und
bleiben.

Für das Geschäftliche hat ihn der Mut offensichtlich
etwas verlassen, zumal für die Verlagsbuchhandlung
weiterhin die notwendigen Gelder fehlen. Auch die
vier Dresdner Buchhändler (der fünfte hat sich unter-

dessen zu einer Art Buchversandhaus entwickelt) legen ihnen weiterhin Steine in den Weg, da sie die Konkurrenz fürchten.

Kleist und seine Freunde tun sich schwer damit, den Anfang zu finden, obwohl über ihr Programm unter Literaturfreunden schon leidenschaftlich diskutiert wird.

Der Freund Rühle ist zwar eifrig mit dem Lesen von Manuskripten beschäftigt, von denen eine ganze Menge vorliegen, wenn auch fast ausschließlich von Dilettanten. Große oder bekannte Namen sind nicht dabei – Goethe, Schiller, Wieland und Jean Paul hatte man zwar angeschrieben und um Beiträge gebeten, aber nichts von ihnen erhalten.

Sie würden auf der Stelle treten, wäre da nicht die Zeitschrift »Phöbus«, das »Journal für die Kunst«, die schon vor ihrem Erscheinen ein Erfolg zu werden verspricht. Allein in Dresden haben fünfzig Interessierte die Zeitschrift in Erwartung des ersten Heftes abonniert. Im Januar 1808 ist es soweit. Dazu schreibt Kleist ein Begrüßungsgedicht, in dem man unter anderem liest:

Wettre hinein, o du mit deinen flammenden Rossen
Phöbus, Bringer des Tages in den unendlichen Raum!

Im zweiten Heft, das im Februar herauskommt, veröffentlicht Kleist seine erste Prosaerzählung unter der Überschrift zweier zungenbrecherischer Namen, die er später in »Die Marquise von O.« umänderte. Adam Müller fügt einen Essay über Kunst und Wissenschaft hinzu, wie man ihn damals gerne las, der allerdings bei einigen Lesern Unwillen, bei anderen Erstaunen erregte wegen seiner »napoleonisch-konservativen Einstellung«, wie es in einer Zeitungskritik hieß. Im dritten Heft erscheint dann der »Zerbrochene Krug«, und dafür werden Kleist, was man hier wörtlich nehmen kann, Lorbeeren aufs Haupt gesetzt: Der Bürgermeister von Dresden hält bei einem festlichen Bankett eine Lobesrede auf Heinrich von Kleist und läßt ihm anschließend, von zwei hübschen jungen Dresdnerinnen, einen Lorbeerkranz aufs Haupt drücken. Was diesen zu Tränen rührt.

»Phöbus« wird tatsächlich ein deutscher Erfolg, wenn am Ende auch nicht die erwartete Zahl Leser erreicht wird. Es schien, als erfülle man die Erwartungen des Lesepublikums, doch nach dem dritten Heft läßt das Interesse nach. Kleist und Müller sind zwar keine schlechten Namen, aber sie allein genügen den Lesern nicht. Die Großen der Zeit schicken keine Manuskripte und neue, junge Literaten zu entdecken und für die Zeitschrift schreiben zu lassen, gelingt den beiden »Phöbus«-Leitenden nicht.

Zu allem Überfluß erlebt Kleist ein ganz privates Drama: einen gewaltigen Krach mit seinem Koredakteur Adam Müller. Der hatte dem »Olympier«, wie man Goethe damals schon nannte, den »Zerbrochenen Krug« zugeschickt in der Überzeugung, seinem Kollegen Kleist damit einen großen Gefallen zu tun. Nur war das Gegenteil daraus geworden: Goethe, auch Direktor des Weimarer Theaters, hatte das Stück tatsächlich einüben und spielen lassen, die Aufführung aber war vom Publikum derart schlecht aufgenommen worden, daß man von einem eklatanten Reinfall sprach. Was man in der Hauptsache der hölzernen und humorlosen Regie Goethes zuschrieb. Nun macht sich Kleist wutentbrannt auf den Weg nach Weimar, wo er sich bei Goethe persönlich beschweren und ihn, falls er sich unzugänglich zeigen sollte, zum Duell fordern will. Danach hat er vor, Adam Müller von der Elbbrücke in die Elbe zu stoßen.

Er duelliert sich weder mit Goethe, noch wirft er Müller in die Elbe. Im Doppelheft September/Oktober sind beide noch vertreten, Kleist mit dem zweiten Akt des »Käthchen von Heilbronn« und Adam Müller mit gleich zwei Abhandlungen, über die »Griechische Bühne« und »Fragmente über Shakespeare«. Auch von Novalis wird ein Gedicht abgedruckt, »Zur Weinlese«.

Die Unstimmigkeit zwischen den beiden Redakteuren des »Phöbus« ist bekannt, und es wird viel darüber geredet in Leser- und Intellektuellenkreisen. Müller ist unterdessen aus Dresden verschwunden, ohne Kündigung oder Abschied. Er selbst behauptet, er befände sich auf einer Vortragsreise. Obwohl beleidigt und immer noch wütend, beklagt Kleist jetzt auch die Abwesenheit des Kollegen. Auf der Suche nach einer letzten Chance für seinen Verlag bespricht er mit einigen seiner näheren Freunde, ob man nicht doch noch einmal an Frankreich herantreten und die neuen Gesetze Napoleons verlegen könne. Der französische Gesandte in Dresden, de Bourgoing, sowie der General Clarke in Paris kämen ihnen sicher entgegen. Doch der Gedanke wird verworfen, denn es würde wenig glaubhaft

Ankündigung der Uraufführung des »Zerbrochenen Krugs«
am Weimarer Hoftheater, 1808

erscheinen, wenn ausgerechnet in diesem Verlag die Staatsweisheit des französischen Kaisers gepriesen würde, nachdem Kleist ihn als »Allerweltskonsul« beschimpft hat. Zudem schreibt er gerade an einem neuen Stück, das »Die Hermannsschlacht« heißen soll, einem antifranzösischen Trauerspiel.

Das November / Dezemberheft, das verspätet erst im Februar 1809 erscheint, ist dann das letzte des »Phöbus«. Jetzt muß überlegt werden, wie und an wen man das Geschäft mit der Zeitschrift verkaufen kann. Der Verlag Göschen winkt ab, am Ende übernimmt die Walthersche Hofbuchhandlung die geschäftliche Seite der Zeitschrift, die bis Ende des Jahres 1809 weitergeführt wird.

Zu diesen Verhandlungen taucht auch der verschwundene Adam Müller wieder auf, und es kommt erneut zu einem heftigen Streit. Diesmal geht es um Geld: Kleist bezichtigt Müller, hundertzwanzig Reichsthaler, die er ihm für einen Abdruck bei einem anderen Verlag übergeben habe, in die eigene Tasche gesteckt zu haben. Müller dagegen behauptet, aus eigenen Mitteln noch zweihundertzwölf Thaler dazugelegt zu haben, und überhaupt habe er »die Ehre der Entreprise« gerettet. Es kommt zu wüsten Beschimpfungen und sogar Handgreiflichkeiten, die, wie Müller erklärt, »ich nicht anders als mit den Waffen beantworten kann«.

Das war das Ende einer Freundschaft.

Ein Stern in Wetterwolken

Nach dem schmerzlichen Scheitern seines Verleger-
traumes erfährt er unverhofft etwas Tröstliches: Seine
Tante Massow hat ihm ein kleines Erbe hinterlassen,
das dem Mittellosen mehr als gerufen kommt. Uner-
freulich ist nur, daß die Erbschaft noch nicht ausgezahlt worden ist, so geht es also wieder zu Fuß nun in
Richtung Österreich.

Seiner Schwester Ulrike schrieb er noch aus Dresden: »Ich werde mit der Kaiserlichen Gesandtschaft,
wenn sie von hier abgeht, nach Wien reisen.« Ob er das
aus Angabe behauptete oder wieder eine Art Spionagetätigkeit andeuten wollte, mit der man ihn, und er
selbst sich gern, in Verbindung brachte?

Die meisten deutschen Biographen haben sich auf die
Bezeichnung »geheime politische Aktivität« geeinigt.
Was wiederum einen Historiker bewog, ihnen vorzu-
werfen, sie würden damit »das romanhaft romanti-
sierte Bild eines dämonischen Dichters« kolportieren.

Was Kleist in Wien wollte, war ohnedies etwas
ganz anderes. Er hatte das Manuskript seiner »Hermannsschlacht« bei sich und hoffte auf eine Uraufführung dieses aktuellen Theaterstücks in Wien, wo,

wie er gehört hatte, seine »Penthesilea« in einer Art Probenvorführung einen relativ guten Anklang gefunden hatte.

Von Dresden aus hatte er nach Wien Lese-Exemplare geschickt, zwei Stücke zur Auswahl. Daß die Wahl auf das »Käthchen von Heilbronn« fiel, ärgerte Kleist, und er hatte noch von Sachsen aus versucht, sie zur »Hermannsschlacht« zu überreden, die, womit er recht hatte, thematisch aktuell sei: Mit dem Feind, gegen den der Cherusker die Germanen zu sammeln trachtet, war kein anderer gemeint als Napoleon. Als der aber am 13. Mai 1808 mitsamt seinen Truppen (und seinem »Code Napoleon«) in Wien einmarschiert, ist an eine Aufführung der »Hermannsschlacht« nicht mehr zu denken. Auch nicht an das »Käthchen von Heilbronn« – es hätte in französisch gespielt werden müssen.

Auf seiner Reise von Dresden über Prag begleitet ihn ein neuer Freund, der sieben Jahre jüngere Friedrich Christoph Dahlmann. Unter den vielen intellektuellen Freunden, die der schwierige Kleist hatte, war er neben Pfuel der wohl reifste und vernünftigste. Später einer der wichtigsten Historiker seiner Zeit, wirkte er als Professor in Kiel, Heidelberg und Bonn und wurde auch als Politiker berühmt: Er war der Führer der »Göttinger Sieben«, die 1837 wegen ihrer liberalen Gesinnung aus dem Dienst entlassen wurden.

Jetzt erlebt er mit Kleist seine erste politische Verhaftung. Auf dem Weg nach Prag erfuhren die beiden von der ersten Schlacht, die Napoleon soeben bei Aspern verloren hatte. Da Aspern ganz in der Nähe lag, zogen sie hin, um sich das Schlachtfeld anzusehen, auf dem mehr als vierzigtausend Soldaten ihr Leben gelassen hatten und Napoleon seinen Ruf als unbesiegbarer Feldherr. Ehe sie sich umsehen können, werden sie von der Polizei verhaftet und vom österreichisch-ungarischen Geheimdienst verhört, der sie für französische Spione hält. Kleist, dem die Situation noch als angeblicher preußischer Spion vertraut ist, bleibt gelassen: Er zieht aus seiner Manuskripttasche einige Spottgedichte auf Napoleon, die er vor kurzem zu Papier gebracht hatte, hervor, liest auch einige Passagen aus der »Hermannsschlacht« vor. Wie Dahlmann später berichtete, trug er auch ein paar alte, profranzösische Gedichte vor, was doch auf eine gewisse Nervosität und Aufregung schließen läßt. Einer der Offiziere kennt Kleist, zum Glück der beiden übernimmt er die weitere Vernehmung und läßt sie frei. Zur Verhaftung war es durch Dahlmanns Schuld gekommen: Als sie an einem Fluß standen, hatte er die Wachen gefragt, ob die Truppen mit Booten übergesetzt seien oder das Wasser durchwatet haben, woraufhin diese annahmen, die beiden wollten über den Fluß, um den Franzosen zu Hilfe zu eilen.

Nach ihrer Freilassung finden sie Unterkunft bei den Barmherzigen Brüdern in Prag. Dort haben sie die Idee, unter dem Namen »Germania« eine gesamtdeutsche Zeitung herauszubringen, sie »soll der erste Atemzug der deutschen Freiheit sein«. Doch daraus wurde nichts, denn wenig später errang Napoleon in der Schlacht bei Wagram einen Sieg und schloß eine Woche darauf mit Österreich einen Waffenstillstand.

Kleist und Dahlmann schlagen sich eine Weile ziemlich hilf- und mittellos durch, leben in kümmerlichen Unterkünften, und wie stets in schwierigen Zeiten quält Kleist sich wieder mit einer undefinierbaren Krankheit herum. Er leidet und wähnt sich in einer Pechsträhne, von der er sich mit Dahlmann mit einem von Pfuel herausgegebenen Brettspiel ablenkt, das ausgerechnet »Kriegsspiel« heißt.

In Berlin hält man ihn für tot, gestorben im Hospital der Barmherzigen Brüder zu Prag, an einer Wunde, die er sich in der Schlacht bei Wagram zugezogen haben soll. Aber im November 1809 taucht er, immer noch kränkelnd, in Frankfurt an der Oder auf. Da seine Schwester Ulrike nach Pommern gereist ist, schnorrt er sich bei einigen alten Bekannten etwas Geld zusammen und fährt weiter – nach Berlin.

Dort bezieht er in der Mauerstraße ein karg möbliertes Zimmer im Haus des Quartiermeisters Müller.

Es ist der 10. März 1810. Die Stadt Berlin hat geflaggt, denn die Königin Luise hat Geburtstag. Sie wird vierunddreißig Jahre alt und mag nicht mehr von so märchenhafter Schönheit sein wie vor siebzehn Jahren, als sie, die Braut von Friedrich Wilhelm III., durch das Brandenburger Tor einzog und die Herzen der Berliner im Sturm eroberte. Aber ihre Popularität ist ungebrochen, womöglich sogar gestiegen, seit das Königspaar aus dem Exil in Ostpreußen in das von den Franzosen besetzte Berlin zurückgekehrt war. Der Jubel der Bevölkerung hatte hauptsächlich ihr gegolten, erst an zweiter Stelle dem heimgekehrten König Friedrich Wilhelm III., der seine Neutralität zur falschen Zeit aufgegeben und dadurch viel Geld, die Hälfte seines

Königin Luise im Jahr 1800

Landes und Tausende seiner Landeskinder in sinnlosen Schlachten verloren hatte.

Der Geburtstag wird im Berliner Stadtschloß gefeiert, im Weißen Saal, der sonst nur den höchsten Festlichkeiten, wie Hochzeiten der Kronprinzen, vorbehalten zu sein pflegt. Luise hatte sogar darauf bestanden, daß zu diesem Geburtstag neben den hochadligen auch einfache, bürgerliche und erfolgreiche Preußen geladen wurden. Was vom König genehmigt und von der Bevölkerung begrüßt wurde.

Auch Heinrich von Kleist ist eingeladen, wahrscheinlich auf Empfehlung seiner angeheirateten Cousine Marie von Kleist. Er macht sich früh auf von der Mauerstraße zur Stadtmitte, zu der er es nicht allzu weit hat.

Der Weiße Saal, einer der größten im Schloß, birst vor Menschen. Auf diesem Fest sind die Gäste ohne glanzvolle Namen oder Adelsprädikat fast in der Überzahl. Luise, das Geburtstagskind, übernimmt die Leitung der Festlichkeiten, führt die Polonaise an, animiert zu Spielen an besonderen Tischen und zu Tänzen zu den Klängen einer Militärkapelle, die damals das spielen, was man »Janitscharenmusik« nennt. Ihr Mann, der König, steht ihr zur Seite, wie immer freundlich, scheu und kaum mit einem der Gäste sprechend.

Dem aufmerksamen Beobachter aber wird aufgefallen sein und jene, die um Politik und Stand der Dinge wußten, werden erkannt haben, daß es bei diesem gesellschaftlichen Ereignis weniger um Putz, Klatsch und Tanz geht, sondern um das, was im Hintergrund besprochen wird. Luise, die darin geschickter ist als ihr Mann, beginnt schon bald mit der geheimen Aufgabe, die für das darniederliegende Preußen lebenswichtig sein kann. Es geht um Hardenberg, den Napoleon als einen seiner Erzfeinde betrachtet und aus seinem Ministeramt verjagt hat. Ihn will sie bei dieser Gelegenheit mit den anwesenden französischen Besatzern zusammenbringen, auch damit über die enormen Reparationsforderungen gesprochen wird, die der Sieger an das völlig verarmte Land stellt. Die Franzosen verlangen von Preußen mehr, als die Kassen beinhalten, sowie die Abtretung eines Großteils von Schlesien. Ohne den Freiherrn von Hardenberg, dessen politische Fähigkeiten die Königin höher schätzt als die jeder anderen Persönlichkeit, fühlt sie sich hilflos und allein. Es ist wahrscheinlich, daß sie an diesem Abend ihres vierunddreißigsten Geburtstags, wenn auch sehr zum Kummer ihres Volkes, ihre Abdankung begrüßt hätte.

Kleist beobachtet sie genau, bemerkt, wie schwer ihr ihre Aufgabe fällt, wie abgespannt sie wirkt und wie bleich ihr Gesicht ist. Es gelingt ihm erst nach Stunden, zu ihr vorzudringen, als sie sich aus dem Trubel in einen kleinen Garderobensaal geflüchtet hat. Dort überreicht er ihr ein Blatt Papier, und sie liest das Gedicht, das er für sie geschrieben hat.

Es ist ein Sonett, von dessen diversen Fassungen, die er verfertigt hat, sind drei überliefert. Das schönste und einfachste ist das mit dem kompliziertesten Versmaß:

Erwäg ich, wie in jenen Schreckenstagen,
Still deine Brust verschlossen, was sie litt,
Wie du das Unglück, mit der Grazie Tritt,
Auf jungen Schultern herrlich hast getragen.

Wie von des Kriegs zerrißnem Schlachtenwagen
Selbst oft die Schar der Männer zu dir schritt,
Wie, trotz der Wunde, die dein Herz durchschnitt,
Du stets der Hoffnung Fahn uns vorgetragen:

O Herrscherin, die Zeit dann möcht ich segnen!
Wir sahn dich Anmut endlos niederregnen,
Wie groß du warst, das ahndeten wir nicht!

Dein Haupt scheint wie von Strahlen mir
    umschimmert;
Du bist der Stern, der voller Pracht erst flimmert,
wenn er durch finstre Wetterwolken bricht.

Luise, die für Poesie empfänglich ist, vergißt für einige Augenblicke ihre Verpflichtungen für Gesellschaft, Politik und Ranküne. Sie bricht in Tränen aus.

Kleist beschließt, in Berlin zu bleiben. Und er beginnt mit dem »Prinz von Homburg«.

Merkwürdigerweise ist der erste, dem er nach seiner Rückkehr begegnet, ausgerechnet Adam Müller. Doch die beiden scheinen ihren Streit und die heftigen Auseinandersetzungen vergessen zu wollen, Kleist ist des öfteren bei Müllers zum Tee eingeladen. Adam Müller hat kürzlich geheiratet, Sophie von Haza, die Kleist noch aus Dresden kennt – Kleist-Verehrer werfen ihr, die nun Frau Müller heißt, vor, daß sie drei Manuskripte, die Heinrich ihr geliehen hatte, verlor, darunter das mysteriöse »Meiner Seele Ideenmagazin«. Bei einer dieser Teegesellschaften lernt Kleist einen Kollegen kennen, Joseph von Eichendorff.

Die Königin wird er nicht wiedersehen, sie stirbt noch im selben Jahr.

KAPITEL II

Das Werk

Man hat manchmal den Eindruck, daß Werk und Leben Heinrich von Kleists nicht identisch sind, einander nicht entsprechen. Ist der Autor, der in seinem Gedicht »Germania an ihre Kinder« gegen den Franzosen hetzt

> Schlagt ihn tot! Das Weltgericht
> Fragt euch nach den Gründen nicht!

(was später die Nazis gern wie einen Kernspruch im Munde führten) noch derselbe, den es zu Tränen kränkt, als des Königs Flügeladjutant seine Dichtung »Verschen machen« nennt? Es wäre vielleicht verzeihlich, wenn solche Zeilen einem spontanen Wutausbruch zuzuschreiben wären, aber Auswüchsen dieser und ähnlicher Art begegnet man in manchen seiner Werke. In einem anderen, ebenfalls gegen die Franzosen gerichteten Gedicht empfiehlt er den Deutschen

> Dämm den Rhein mit ihren Leichen!

und das verzeiht man einem großen Dichter, der noch dazu aus einer alten Soldatenfamilie stammt, nur widerwillig.

Zweifellos gehören Ausfälle wie diese zu seiner Sicht des menschlichen Panoramas, das er in Gedicht, Theaterstück, Komödie und Erzählung ausbreitet. Vielleicht möchte er ehrlicher sein als andere Autoren, möchte nicht wie sie nur den Kampf zwischen Gut und Böse beschreiben, sondern beweisen, daß das eine immer zum anderen gehört. In einer Biographiensammlung der »Großen Deutschen«, die nach dem Zweiten Weltkrieg herauskam, schreibt der Heidelberger Professor Paul Böckmann zu Heinrich von Kleist: »Die dramatische Bewegung entwickelt sich (...) aus der Zweideutigkeit und Doppelsinnigkeit von Situationen, die der Mensch mit seinen Erkenntnismöglichkeiten nicht zu durchschauen vermag.«

Wahrscheinlich ist es diese Doppelfunktion, die Kleists literarische Arbeitsweise so einzigartig macht: das Gegensätzliche und Zweideutige in einer Geschichte, einem Lebenslauf, einem Charakter aufzuzeigen. Man könnte sagen, daß William Shakespeare ähnlich verfuhr, auch er stellte die Gegensätze als einander anziehend dar, nur daß er moralische Schranken wahrte, auch wenn er das Böse der Menschheit in all seiner Zweideutigkeit und Doppelsinnigkeit durchaus durchschaute.

Mit dem bösen Teil der Welt hatte sich Kleist gleich zu Anfang seiner dichterischen Laufbahn auseinandergesetzt. Beinahe bezeichnend, daß er mit der »Familie Schroffenstein« selbst den Nazis zu weit ging –

er »kranke noch an der Überspannung der Leidenschaften«.

Die »Hermannsschlacht« hatte er in Dresden begonnen zu einer Zeit, da Napoleon besiegt schien. Nach
der Vollendung des Stückes fand er kein Theater, das es
aufführen wollte, denn zu diesem Zeitpunkt war Napoleon wieder der Siegreiche – wenn auch nur für
kurze Zeit.

Man tat sich immer schwer mit diesem Theaterstück, außer im Dritten Reich, da man darin »die heim-
lichste Süße des deutschen Herzens und die unbändige
Männlichkeit deutschen Kampfeswillen« pries – nach-
zulesen in einer »Geschichte der Deutschen National-
Literatur« aus dem Jahr 1936. Nach 1945 hielt man
die »Hermannsschlacht« für unspielbar, zumindest in
West-Deutschland, in der DDR ist es wohl aufgeführt
worden. Erst 1982 machte sich Claus Peymann in Bo-
chum an das Wagnis einer Inszenierung, und der »Spiegel« (Nr. 46/1982) als führendes Intelligenzblatt der
Nachkriegszeit weckte mit seiner Kritik »Ein deutscher
Held und seine Thusnelda« bei der deutschen Leserschaft neues Interesse an Heinrich von Kleist.

Darin schrieb Hellmuth Karasek: »Die Anwürfe gegen die ›Hermannsschlacht‹, die das Andachtsdrama
des nationalsozialistischen Theaters in Deutschland
war, kommen ja aus zwei Richtungen. Einmal richten
sie sich gegen den ›Helden‹, gegen den Germanenbe-
freier Hermann. Ihm heiligt der hehre Zweck jedes
Mittel. Er schlachtet römische Gefangene ab, verbreitet über die Besatzer Greuelpropaganda, Schauermär-
chen, ja zerstückelt eine von Römern geschändete

»Die Hermannsschlacht«,
Kreidezeichnung von Paul Heydel, 1885

Germanenjungfrau in fünfzehn Teile, um sie an die fünfzehn Germanenstämme zwecks Aufwiegelung zu verschicken. – Römer, die sich grausam betragen, sind ihm nur willkommen, ein Graus, wenn sie den Haß bremsen könnten. Er betreibt eine Politik der verbrannten Erde, indem er all das vernichtet, was er zu retten vorgibt, er ist bereit, seine Kinder der Sippenhaft zu opfern: kein Bühnenheld hat Hitler so vorausgeträumt wie diese haßgebeutelte Befreiergestalt.«

Auf den »Robert Guiskard« hatten Kleist seine Berner Dichterfreunde aufmerksam gemacht. Sie empfahlen ihm die Lektüre eines in den »Horen« – die Schiller drei Jahre lang, bis 1797, im Verlag Cotta herausgab – erschienen Essays von einem Autor namens Funk über Guiskard. Dieser Text faszinierte Kleist derart, daß er alle anderen literarischen Arbeiten beiseite legte und sich nur noch mit »Robert Guiskard« befaßte, an dem er monatelang auf der Aare-Insel schrieb. Das Stück ist, wie schon erwähnt, nur ein Fragment geblieben, da er den größten Teil des Manuskripts verbrannte.

Der »Zerbrochene Krug« verdankt sich bekanntermaßen dem Freundes-Wettbewerb, zu dem ein Bild den Anstoß gab. Und Kleist erhielt von diesen den ersten Preis für das Stück zugesprochen. Die Komödie sollte es trotzdem schwer haben, sich durchzusetzen, es schien ein für den Autor Kleist zu »normales« Stück zu sein. Er hatte es 1806 fertiggestellt, 1808 kam es zu der verunglückten Aufführung in Weimar. In den Jahren 1814 bis 1818 wurde es in Brünn, München und Breslau gezeigt, mit nur mäßigem Erfolg. 1822 erschien es zum ersten Mal auf einer Berliner Bühne, und seitdem gehört der »Zerbrochne Krug« neben Lessings »Minna von Barnhelm« zu einer der wenigen Komödien deutscher Klassiker.

Was der »Zerbrochne Krug« für das deutsche Lustspiel ist die »Penthesilea« für das ebenfalls sehr deutsche sogenannte Trauerspiel. Es gibt bei den deutschen Klassikern wie den Romantikern bekanntlich nur diese beiden Formen des Theaters. Kleist aber verändert die Themen menschlich-realistisch so, daß man in der »Krug«-Komödie zwar herzlich lachen, vieles aber auch sehr traurig finden kann: Das gilt ebenso für das Liebespaar, das sich für die Liebe einen geheimen Weg suchen muß und damit scheitert, wie für den hinterhältigen Richter, den man zuerst für einen Bösewicht gehalten hat, und der einem am Schluß leid tun kann.

Bei der »Penthesilea« ist es umgekehrt. Da wird die Frau bewundert, die hier als Herrin auftritt und die belagerte Stadt befreien wird, und das zu einer Zeit, als kriegerische Aktivitäten von Frauen in deutschen Landen undenkbar waren. Der weibliche Teil des Publikums ergötzte sich an Penthesileas Tatkraft und Überlegenheit, der männliche wohl mehr an ihrer Schönheit – bis man dann zum Schluß miterleben muß, wie die Amazone ihren Geliebten von ihrer Hundemeute totbeißen läßt.

Im Jahr 1930 verwies Gottfried Benn in der Rundfunksendung »Können Dichter die Welt ändern?« auf Kleist, dessen »Penthesilea« eben in Berlin inszeniert worden war. Er antwortete auf die Titelfrage des Streitgespräches: »Fahren Sie an einem Sonntag hundert Kilometer nördlich von Berlin in die Gegend des Großen

Kurfürsten, Fehrbellin, und die friderizianischen Orte: eine Landschaft kärglich und dürr, gar nicht zu beschreiben, Ortschaften, die Armut und Notdurft in Person, wahre Brutstätten von Kausaltrieb, da wird es sich für Sie erklären, warum der Dichter der »Penthesilea« immer eine peinliche und arrogante Figur bleiben mußte in einem Volk, dem aus der Erscheinung des Ackerbürgers und Ortsvorstehers die praktische Nützlichkeit als Grundlage seiner farblosen Empfindungen anerzogen wurde.« Der Gesprächspartner hakte nach: »Sie wollen also sagen, die ›Penthesilea‹ ist eine große Dichtung, aber sie hat nicht die geringste Wirkung ausgeübt, weder politisch noch sozial, noch in der Bildungsrichtung?«

Benn: »Genau das will ich sagen.«

Einer der Lieblingsautoren von Kleist war Molière, und er hatte schon in jungen Jahren vorgehabt, die schönen und unterhaltsamen griechischen Sagen aus dessen französischer Sicht den Deutschen zu vermitteln. Sein »Amphitryon« mit dem Untertitel »ein Lustspiel nach Molière« zeigt am Ende nicht nur, daß Kleist nicht der Franzosenfresser war, als den man ihn und er sich selbst oft bezeichnete, sondern es gelang ihm mit diesem Stück auch, deutschen Witz und Humor mit einer urgriechischen Volkssage und französischem Esprit zu verbinden.

Thomas Mann hat den »Amphitryon« als »das witzig-anmutsvollste, das tiefste und schönste Theaterspielwerk der Welt« bezeichnet – die alte Sage, bei Sophokles und Euripides eine Tragödie, die nun im lockeren Rom von Plautus spielt, wo Jupiter vom

Olymp herabsteigt um Alkmene, die Frau des Feld-
herrn Amphitryon, aufzusuchen. Es gehört zu Kleists
individuellem Stil, in eine Komödie auch Elemente eines Trauerspiels einzubringen (oder umgekehrt) – das
einfache »Ach!« der Alkmene am Schluß des Stückes
macht sie in dieser Komödie zu einer fast tragischen
Figur.

Kleist hat, wie gesagt, in seinem Leben nicht ein
einziges seiner Stücke in einem Theater aufgeführt gesehen.

Rückkehr nach Preußen

Heinrich von Kleist ist zweiunddreißig Jahre alt, als er nach Berlin und damit nach Preußen zurückkehrt. Es wird wohl nicht Heimweh gewesen sein, was ihn zurückbringt, denn große Vorlieben für die Hauptstadt des Landes empfand er nie. Wohl eher die Einsicht, daß es ihm an anderen Orten noch schlechter gegangen war als in Berlin, und, was für den jungen Dichter weiterhin wichtig ist: Hier hat er Verwandte und Bekannte, die ihm finanziell unter die Arme greifen oder ihm zumindest Geld leihen könnten.

Seine pekuniären Verhältnisse sind sehr schlecht. Er verfaßt Bittschriften an die Regierung, wartet, oft umsonst, auf mehr als kärgliche Zahlungen für Nachdrucke und hofft auf Zuwendungen von der Familie.

Diese Art zu leben scheint ihn nicht mehr zu stören, auch wenn er weiter von Ruhm und Reichtum träumt. Er arbeitet wieder konzentriert und regelmäßig, verhält sich, könnte man sagen, preußischer. Es entstehen nebeneinander zwei Theaterstücke, »Das Käthchen von Heilbronn« und »Der Prinz von Homburg«. Darüber hinaus hegt er wieder einen neuen Plan. Über all das spricht er mit niemandem, und die Kollegen und die

Die Lindenpromenade in Berlin um 1810

Freunde von einst sind erstaunt über seine Zurückhaltung und Bescheidenheit. Bei den jüngeren Schriftstellern ist er plötzlich beliebt, und die älteren finden ihn, mit einigen Abstrichen, »eigentlich ganz nett«.

Kleist wird eingesehen haben, daß man sich in Dichter- und Künstlerkreisen nicht unbedingt arrogant und eingebildet geben muß, um anerkannt zu werden, und das macht den Umgang mit ihm leichter. Er ist regelmäßig bei Adam Müller eingeladen (den er nicht mehr in die Elbe zu werfen droht), wo neben Eichendorff oft auch Clemens von Brentano, Achim von Arnim und Friedrich de la Motte Fouqué zu Gast sind. Die Sprache der Dichter ist derb, sie nennen ihre Zusammenkünfte »Freßkollegium«. Kleist scheint sich daran zu gewöhnen, er läßt sich sogar zu etwas überreden, was im Grunde noch weniger zu ihm paßt: Im Januar 1810 bitten ihn Müller und Arnim, dem von ihnen gegründeten Verein beizutreten, einer Art Loge, die sich »Christlich-Deutsche Tischgesellschaft« nennt. Der Satzung zufolge ist von vornherein »jeder lederne Philister« ausgeschlossen – als solche gelten Frauen, Franzosen und Juden. Eines der bedeutendsten Mitglieder dieses Vereins ist der Philosoph Johann Gottfried Fichte. Jeden zweiten Tag trifft man sich zu einem gemeinsamen Mittagessen in einem für damalige Begriffe teuren Restaurant.

Laut Satzung sollten die Mitglieder nur diesem einen Club angehören, aber damit nahm vor allem Heinrich von Kleist es nicht zu genau: Er besucht bald und sehr viel öfter den literarischen Salon der Rahel Levin, die gleich doppelt als »lederner Philister« abgelehnt worden wäre: weil eine Frau und eine Jüdin.

Sonst beteiligt sich Kleist kaum am gesellschaftlichen Leben, geht zu keinen Veranstaltungen, von denen es auch damals schon zu viele in Berlin gibt. Er verbringt oft ganze Tage im Bett, »um da ungestörter bei der Tabakspfeife zu arbeiten«, wie Achim von Arnim es ausgedrückt hat.

Zum Königshaus behält er Verbindung, hauptsächlich durch Marie von Kleist, die ihn, sicher auch mit Hilfe der Königin Luise bis zu deren frühen Tod, stets unterstützt. Von ihr erfährt er auch, daß für das Privattheater des Prinzen Radziwill, der mit einer Kusine des Königs verheiratet ist, ein Stück gesucht wird. Kleist schlägt seinen »Prinz Friedrich von Homburg«

vor, den er eben – nicht zum ersten und nicht zum letzten Mal – vollendet hat. Aber das wird abgelehnt, wahrscheinlich auf Weisung des Königs. Er sieht in dem Stück eine Verhöhnung des preußischen Gehorsams und hat es auch später, nach der ersten Vorstellung, für das Königliche Theater verboten.

Kleist gelingt es indes, seinen »Prinz von Homburg« in Buchform zu veröffentlichen: Georg Andreas Reimer hatte gerade zu der von ihm geleiteten Berliner Realschul-Buchhandlung einen Verlag gegründet, der später zu einem der führenden Verlage der Romantik-Bewegung werden sollte. Im September 1810 druckt er neben dem »Prinz von Homburg« auch zwei Erzählungen Kleists, »Das Erdbeben in Chili« und »Michael Kohlhaas«, die einige Kritik an den preußischen Gesetzen und der Regierung enthalten. Wohingegen der »Prinz von Homburg« ja eher ein Hoheslied auf preußische Gerechtigkeit ist, wenngleich mit leisem Spott auf allzu übertriebenen Gehorsam. Kleist hatte wahrscheinlich gehofft, daß Verleger Reimer von der Abneigung des Königs gegen dieses Stück nichts wußte, aber Friedrich Wilhelm III. greift auch nicht ein. Das Buch erscheint und hat leider nur mäßigen Erfolg. Reimer ist trotzdem zufrieden mit der erzielten Auflage, Goethe äußert darüber »artig erzählt« und »geistreich zusammengestellt«, wenn auch »alles gar zu ungefüge«. Kleist erhält ein Honorar von fünfzig Talern, wenig genug, zumal die dreißig Taler Vorschuß bereits verbraucht sind.

Bald darauf bringt der Reimer Verlag »Das Käthchen von Heilbronn« heraus, und diesmal gibt es schon fünfundsiebzig Taler. Wieder bleibt ein positives Echo in den wichtigen Kreisen aus, dabei hatte das Stück ein halbes Jahr vorher mit gutem Erfolg im Theater an der Wien seine Uraufführung erlebt – die Begeisterung kam allerdings mehr von seiten des Publikums als jener der Kritiker. Wilhelm Grimm sagte dazu: »Solchen Schwindeleien, wie die Aftermystik erzeugt hat, begegnet man nirgends.«

Der Berliner Intendant Iffland verlangt sogar eine völlige Umschreibung des Textes, ehe er an eine Aufführung des Stückes denken könne, woraufhin ihm Kleist in einem Brief eindeutig-zweideutig, auf das »Käthchen« eingehend, antwortet: »Es tut mir leid, die Wahrheit zu sagen, daß es ein Mädchen ist. Wenn es ein Junge gewesen wäre, so würde es Ew. Wohlgeboren wahrscheinlich besser gefallen haben.«

Am 1. Oktober 1810 verwirklicht Kleist seinen Plan, ein »Volksblatt« zu gründen, »d. h. ein Blatt für alle Stände des Volks«, das trotzdem Qualität haben wird und mehr Erfolg verspricht als sein Projekt in Dresden: Er beschert Berlin die erste Boulevardzeitung. Nicht im Sinne der späteren Regenbogenpresse, sondern eine Zeitung, in der sich neben lokaler Berichterstattung literarische Kritik, literarische Unterhaltung und Kommentare finden, die nicht nur den jeweils Herrschenden nach dem Munde reden.

Die Berliner Luft

Die Stadt Berlin, die schon damals als aufregend, aufreibend, problematisch gilt, ist einem schwierigen Charakter wie Kleist eher abträglich.

Es ist ihm selten so elend gegangen wie jetzt in Berlin. Das ganze Land leidet unter den Besatzern, und seine Armut erschwert sein Leben hier zusätzlich. Seine Schwester Ulrike hat ihre Geldgeschenke längst eingestellt, und mit dem überraschenden Tod der Königin Luise in Mecklenburg, am 19. Juli 1810, erlosch auch der monatliche Ehrensold von fünfundzwanzig Talern, von dem er bis dahin kärglich genug gelebt hatte. Seine Anfrage, ob er weiterhin mit dieser monatlichen Zuwendung rechnen dürfe, stößt auf verlegentaube Ohren.

Er verkehrt weiter in den Salons, hauptsächlich den jüdischen, bei Benjamin Cohen und Rahel Levin, wo er wohlgelitten ist, auch wenn ihn Kollegen wie Achim von Arnim und Clemens von Brentano oft verspotten wegen seiner abgerissenen Erscheinung, insbesonders seiner durchgelaufenen Straßenstiefel. Kleist nimmt es ihnen nicht übel, außerdem braucht er diese Kollegen für sein neues Projekt.

Er ist nicht so weltfremd und versponnen, wie er wirkt. In aller Stille hat er mit großer Sorgfalt seine »Berliner Abendblätter« vorbereitet. Innerhalb von sechs Monaten hat er die Belegschaft zusammengebracht, die er dafür braucht. Er selbst ist Herausgeber und Chefredakteur. Das Geschäftliche übernimmt der einundzwanzigjährige Jungverleger Julius Eduard Hitzig, der später die Werke der Romantiker herausbringen wird und unter anderem Biographien über E. T. A. Hoffmann und Adelbert von Chamisso schreibt. Ihm hat Kleist vertraglich ein Jahresgehalt von achthundert Talern zugesichert. Hitzig gelingt es, den Polizeipräsidenten persönlich dazu zu gewinnen, in der Zeitung über aktuelle Ereignisse wie Brände, Diebstähle, Morde und andere für die Berliner belangvolle Angelegenheiten zu berichten – aufregender Lesestoff und eine ideale Besetzung, die sich etwas später jedoch als Fehlgriff herausstellen wird.

Von den Mitarbeitern waren einige schon beim »Phöbus« in Dresden dabei, neben den Journalisten kommen Schriftsteller zu Wort, die zu den bekanntesten ihrer Zeit gehören wie Ernst Moritz Arndt, Achim von Arnim, Clemens von Brentano, de la Motte Fouqué und Wilhelm Grimm. Und natürlich Heinrich von Kleist selbst, der viele seiner früheren Arbeiten abdruckt und zu der ersten Nummer auf der Seite eins einen Eröffnungsgruß schreibt. Fraglich allerdings, ob es sehr geschickt von ihm war, als erstes eines seiner Gedichte auszuwählen, das den Titel trägt: »Gebet des Zoroaster – Aus einer indischen Handschrift, von einem Reisenden in den Ruinen von Palmyra gefunden«.

Unterschrieben ist das Gedicht, von dem man nicht annehmen kann, daß es viel Aufsehen erregt hat, mit einem einfachen kleinen x. Fast alle Artikel werden so unterzeichnet, anfangs rätselt man noch, wer nun was geschrieben hat, aber das findet die stets neugierige Berliner Leserschaft bald heraus. Die »Berliner Abendblätter« gehören zu den ganz wenigen Zeitungen in deutschen Landen, die täglich erscheinen. Die »Vossische« und die »Spenersche« kommen dreimal wöchentlich heraus, und das frühmorgens. So hat die Kleistsche Zeitung, die abends erscheint, den zusätzlichen Vorteil, daß sie alle Polizeiberichte des Tages unterbringen kann. Auch das Format ist ungewöhnlich, die vier Seiten starke Zeitung hat Oktavgröße, wodurch sie zwar mehr einem Flugblatt gleicht, dafür aber billiger ist: die normale Ausgabe kostet acht Pfennig, ein Vierteljahres-Abonnement sechzehn Groschen, also einen dreiviertel Taler.

Die Nummer eins erscheint gleich mit zwei Extraseiten, die von dem Polizeipräsidenten Karl Justus Gruner stammen, der sich als leidenschaftlicher Reporter erweist und den »Abendblättern« in doppelter Hinsicht zugute kommt: Er ist der am besten informierte Mann Berlins, und er muß nicht honoriert werden. Daß man in ihm einen überaus erfolgreichen, aber nicht genehmen Mitarbeiter gefunden hatte, ist weder dem Verleger noch den Redakteuren bewußt.

Nach anfänglichem Durchbruch schreitet Friedrich Wilhelm III. ein und verbietet dem Polizeichef, weiter für die Zeitung zu schreiben. Gut möglich, daß sich die anderen Zeitungen beschweren, denn die höchst aktu-

Extrablatt
zum 7ten Berliner Abendblatt.

Polizeiliche Tages-Mittheilungen,

Etwas über den Delinquenten Schwarz und die Mordbrenner-Bande.

Die Verhaftung des in den Zeitungen vom 6. v. M. signalisirten Delinquenten Schwarz (derselbe ungenannte Vagabonde, von dem im 1sten Stück dieser Blätter die Rede war) ist einem sehr unbedeutend scheinenden Zufall zu verdanken.

Nachdem er sich bei dem Brande in Schönberg die Taschen mit gestohlnem Gute gefüllt hatte, ging er sorglos, eine Pfeife in der Hand haltend, durch das Potsdamsche Thor in die Stadt hinein. Zufällig war ein Soldat auf der Wache, welcher bei dem Krüger La Val in Steglitz gearbeitet hatte, und die Pfeife des Schwarz als ein Eigenthum des La Val erkannte.

Dieser Umstand gab Veranlassung, den Schwarz anzuhalten, näher zu examiniren, und nach Schönberg zum Verhör zurückzuführen, wo sich denn mehrere, dem ꝛc La Val und dem Schulzen Willmann in Schönberg gehörige, Sachen bei ihm fanden.

Bei diesem ersten Verhöre in Schönberg standen, wie sich nachher ergeben hat, mehrere seiner Spießgesellen vor dem Fenster, und gaben ihm Winke und verabredete Zeichen, wie er sich zu benehmen habe. Dieses Verhör wurde während des ersten Tumultes gehalten, wie der Brand noch nicht einmal völlig gelöscht war, und niemand konnte damals schon ahnden, mit welchem gefährlichen Verbrecher man zu thun habe.

ellen Polizeiberichte in den »Abendblättern« sind für
ihre Auflagen von Nachteil. Quellen aus der damaligen Zeit besagen auch, daß der König seinem allzu
mächtigen Kanzler entgegenwirken wollte – er weiß,
daß Hardenberg eine Vorliebe für Heinrich von Kleist
hat und vermutet zu Recht, daß er zur Gründung der
»Abendblätter« eine, wenn auch geringe, Summe bei-
gesteuert hat. Friedrich Wilhelm hatte seiner Frau vor
ihrem Tod versprechen müssen, sich »in guten wie in
schlechten Zeiten an Hardenberg zu halten«, das Verhältnis zwischen den beiden bleibt aber weiterhin ge-
spannt.

Nach genau sieben Wochen ist es mit dem Erfolg
der »Abendblätter«, die jetzt ohne Polizeiberichte erscheinen müssen, vorbei. Kleist bemüht sich, die Seiten
mit Essays und Fortsetzungserzählungen, die zum Teil
kleine Meisterwerke sind, zu füllen, er druckt auch
mal Witze ab wie den »Seufzer eines Ehemanns«:

Seit uns des Priesters Hand
am Traualtar verband,
hat meine Frau – was bin ich doch geplagt!
nie wieder Ja gesagt.

Oder er schreibt Anekdoten in der etwas derberen
Sprache des Volkes, um breitere Leserkreise anzuspre-
chen, etwa die »Anekdote aus dem letzten Krieg«:

Den ungeheuersten Witz, der vielleicht, so lange die
Erde steht, über Menschenlippen gekommen ist, hat
im Lauf des letztverflossenen Krieges ein Tambour

gemacht; ein Tambour meines Wissens von dem damaligen Regiment von Puttkammer; ein Mensch, zu dem, wie man gleich hören wird, weder die griechische noch römische Geschichte ein Gegenstück liefert. Dieser hatte, nach Zersprengung der preußischen Armee bei Jena, ein Gewehr aufgetrieben, mit welchem er, auf seine eigne Hand, den Krieg fortsetzte; dergestalt, daß, da er auf der Landstraße alles, was ihm an Franzosen in den Schuß kam, niederstreckte und ausplünderte, er von einem Haufen französischer Gendarmen, die ihn aufspürten, ergriffen, nach der Stadt geschleppt und, wie es ihm zukam, verurteilt ward, erschossen zu werden. Als er den Platz, wo die Exekution vor sich gehen sollte, betreten hatte und wohl sah, daß alles, was er zu seiner Rechtfertigung vorbrachte, vergebens war, bat er sich von dem Obristen, der das Detachement kommandierte, eine Gnade aus; und da der Oberst, inzwischen die Offiziere, die ihm umringten, in gespannter Erwartung zusammentraten, ihn fragte: was er wolle? zog er sich die Hosen ab und sprach: sie möchten ihn in den … schießen, damit das F… kein L… bekäme. – Wobei man noch die Shakespearsche Eigenschaft bemerken muß, daß der Tambour, mit seinem Witz, aus seiner Sphäre als Trommelschläger nicht herausging.

Aber weder die ernsthaften Erzählungen noch bessere Herrenwitze oder Anekdoten können die Zeitung retten, sie verliert immer mehr Leser. Nach einer harten Auseinandersetzung mit Hitzig entschließt sich Kleist,

Hardenberg aufzusuchen, den Allgewaltigen in Preußen, den er immer noch als väterlichen Freund an-
sieht. Er erhofft sich von ihm Hilfe. Aber Hardenberg
empfängt ihn nicht, sondern läßt sich durch seinen Re-
gierungsrat, Friedrich von Raumer, vertreten – er wird
später die erste Gesamtbiographie der Hohenzollern
in sechs Bänden verfassen. Er, der Staatswissenschaft-
ler, weist zunächst in Form eines kleinen Vortrags auf
die beschränkten Möglichkeiten des schwer geschla-
genen Landes hin, doch der enttäuschte Kleist verläßt
noch während dieser Rede unhöflich, ja beinahe be-
leidigend den Raum. Jetzt muß er Hitzig kündigen, der
seinerseits auf eine Entschädigung von elfhundert Talern klagt, da seine Kündigung auf staatlichen Eingriff
zurückzuführen sei. Aber auch er geht leer aus.

Kleist sucht nach einem neuen Verleger für die
»Abendblätter« und wird fündig: August Kuhn, bei dem
auch schon Kotzebues Zeitung »Der Freimüthige« erschien, ist sogar stolz darauf, zu einer derart berühmten Zeitung gerufen zu werden.

Der wieder in finanziellen Nöten steckende Kleist
sucht den Buchverleger Reimer auf, bei dem demnächst
sein Lustspiel »Der Zerbrochne Krug« herauskommen
soll, und bittet ihn um einen Vorschuß. Reimer lehnt
ab. Und Kleist, in Wut und Verzweiflung – später behauptet er, unter Verfolgungswahn gelitten zu haben –,
erklärt, Reimer wegen schwerer Beleidigung zum
Duell fordern zu müssen. Reimer zahlt den Vorschuß,
doch das Geld reicht nicht lang.

Noch einmal spricht Kleist beim Kanzler Hardenberg vor, der ihn diesmal auch persönlich empfängt.

Die Bitte, die Zeitung für ein weiteres Jahr finanziell oder auch durch Anleihen zu unterstützen, wird abschlägig beschieden – es gibt in Preußen offiziell kein vom Staat finanziertes oder mitfinanziertes Blatt, und dabei soll es bleiben. Der Kanzler setzt hinzu, wenn man eine Ausnahme mache, dann gewiß nicht für eine Zeitung wie die »Abendblätter«. Kleist verliert die Beherrschung, schreit Hardenberg an und belegt ihn mit nicht überlieferten beleidigenden Ausdrücken. Und wird hinausgeworfen.

Eine Fortführung der einst so erfolgreichen Zeitung ist nun nicht mehr möglich. Am 30. März 1811 erscheint die letzte Ausgabe, auf deren letzter Seite Kleist schreibt: »Gründe, die hier nicht angegeben werden können, bestimmen mich, das Abendblatt mit dieser Nummer zu schließen.«

Die Höhen und Tiefen

Das karge Abschiedswort läßt nicht viel von Kleists Enttäuschung oder sogar Verbitterung spüren. Tatsächlich wunderten sich darüber nicht nur die Freunde und Bekannten, sondern auch die Familie. Tat er nur so, oder berührte ihn das klägliche Ende der »Abendblätter« wirklich nicht? Es kann sein, daß er in allen Ereignissen, die ihn trafen, die gute Seite, die in jeder Veränderung liegt, herauszufinden trachtete. Erneut wendet er sich an Hardenberg und bewirbt sich um einen Posten als Redakteur des kurmärkischen Amtsblattes. Der Staatskanzler, der Kleists ausfallendes Verhalten offenbar vergessen hat, rät ihm mit der Begründung ab, dieser Posten sei nichts als bloße Kärrnerarbeit, und die, fügt er hinzu, könne man dem Autor von »Amphitryon« nicht zumuten.

Solches Lob wog für Kleist schwerer als die hundert Taler, die ihm der Verleger Reimer gab für ein zweites Buch, das er herausbringen wollte, diesmal mit Erzählungen. Er zog sich wieder in sein erbärmliches Mietzimmer zurück und holte seine alten Manuskripte hervor. Er hatte bemerkt, daß seine Geschichten, die er in seiner Zeitung abgedruckt hatte und die Reimer jetzt als Buch veröffentlichen wollte, mehr Erfolg hatten als seine Dramen oder Gedichte. So bearbeitete er sie erneut und lebte jetzt wieder nur für sein Werk.

Bedenkt man sein Alter, oder besser seine Jugend – er war gerade dreiunddreißig Jahre alt –, so konnte er bereits auf ein umfangreiches und sehr unterschiedliches literarisches Werk zurückblicken. Richtig glücklich schien er nur unter seinen Manuskripten zu sein, den einzigen guten, treuen Gefährten. Er hatte sie selbst geschaffen, sie halfen ihm über Höhen und Tiefen hinweg; er konnte sie verändern wie auch er selbst sich veränderte.

Der »Zerbrochene Krug« ist im Jahr 1806 zum erstenmal entstanden, wie man es bei Kleists Methode ausdrücken muß, und kam 1811 beim Berliner Verleger Georg Andreas Reimer in der endgültigen Fassung als Buch heraus. Dazu hatte Kleist ein Vorwort geschrieben, das sich auf die Entstehungsgeschichte des Stückes, den Kupferstich nach Debucourts Gemälde La cruche cassée, bezog, die Reimer jedoch nicht abgedruckt hatte:

»Man bemerkte darauf zuerst einen Richter, der gravitätisch auf dem Richterstuhl saß: vor ihm stand eine alte Frau, die einen zerbrochenen Krug hielt, sie schien das Unrecht, das ihm widerfahren war, zu demonstrieren: Beklagter, ein junger Bauernkerl, den der Richter als sei er schon überwiesen andonnerte, vertheidigte sich noch, aber schwach; ein Mädchen, das wahrscheinlich in dieser Sache gezeugt hatte (denn wer weiß, bei welcher Gelegenheit das Delictum geschehen war), spielte sich, in der Mitte zwischen Mutter und

»Der Zerbrochene Krug«,
Kreidezeichnung von Paul Heydel, 1885

Bräutigam, an der Schürze; wer ein falsches Zeugnis gelegt hätte, könnte nicht zerknirschter dastehen; und der Gerichtsschreiber sah (er hatte vielleicht kurz vorher das Mädchen angesehen) jetzt den Richter mißtrauisch zur Seite an, wie Kreon bei einer ähnlichen Gelegenheit den Oedip. Darunter stand: der zerbrochene Krug.«

Soweit Kleist, der diese Szene in derselben und kräftigen Atmosphäre in dem tragikomischen Lustspiel einfängt. Aus dem Delictum, der mutmaßlichen Zerstörung eines Keramikkrugs, entwickelt sich erst das eigentliche Vergehen, das des liebestollen Dorfrichters.

»Amphitryon« ist – auch im Ausland – das wohl populärste Stück von Kleist. Es ist, mit Ausnahme vielleicht einiger seiner Kurzgeschichten, die lockerste seiner Arbeiten. Verändert hat er den Text häufig. Die erste Ausgabe erschien 1807 in Dresden auf Veranlassung des Freunds-Feinds Adam Müller. Über die vielen Druckfehler, die übersehen worden waren, gab es die ersten Kräche zwischen den beiden. Da war zum Beispiel die Szene, in der Jupiter in der Maske des Amphitryon die Alkmene bittet »auf ihren Flaumen auszuruhen« – Flaumen bedeuten damals die hübschen Busen schöner Frauen. Gedruckt las man statt dessen »auf meinen Flaumen auszuruhen«. Über derlei Nachlässigkeit regte sich der sonst so liberale Kleist gewaltig auf und brüllte die Verantwortlichen, in diesem Fall Adam Müller, an. Das freundschaftliche Verhältnis begann schon damals wegen Auseinandersetzungen dieser Art zu leiden, obwohl der unermüdliche Müller später sein bester und eifrigster Mitarbeiter wurde

»Das Käthchen von Heilbronn«,
Kreidezeichnung von Paul Heydel, 1885

und sich auch dafür einsetzte, daß »Amphitryon« am 16. Mai 1807 in Prag uraufgeführt wurde.

»Das Käthchen von Heilbronn« ist wohl das beliebteste aller Kleistschen Dramen. Es ist die Geschichte des Mädchens, das sich in einen Höherstehenden, den Grafen Wetter vom Strahl, verliebt. Mehr als das: Sie weiß, daß sie zu ihm gehört, obwohl sie die Tochter eines einfachen Waffenschmiedes in Heilbronn ist. Sie übersteht eine schwere Krankheit, an der sie beinahe gestorben wäre, verläßt Vater und den ihr zugedachten Verlobten und begibt sich zum Grafen. Auch er fühlt sich dem Mädchen merkwürdig eng verbunden, das seit jenem Tag ihm folgt »in blinder Ergebung von Ort zu Ort; geführt vom Strahl seines Angesichts, fünfdrähtig wie einen Tau, um ihre Seele gelegt; auf nacktem, jedem Kiesel ausgesetztem Fuße ... wie ein Hund, der von seines Herren Schweiß gekostet, schreitet sie hinter mir her«. Die beiden haben viel zu überwinden, bis sich Wetter vom Strahl an den Kaiser in Worms wendet und von ihm erfährt, daß Käthchen eine kaiserliche Prinzessin von Schwaben ist. Nicht nur Kunigunde von Turneck, die sich als die Zukünftige des Grafen ansah, sondern auch Käthchen und etliche andere der handelnden Personen sind nach dieser Offenbarung einer Ohnmacht nahe, und es scheint beinahe so, als habe Kleist absichtlich eine derbe, mehr komisch als ernst zu nehmende Szene an den Schluß gesetzt, um nicht zu nah an die »große historische Ritterdramatik« und damit an Kolportage zu geraten:

Kunigunde Pest, Tod und Rache!
Diesen Schimpf sollt Ihr mir büßen!
(Ab, mit Gefolge)
Der Graf vom Strahl Giftmischerin!

Es ist trotzdem viel von Kolportage in diesem Stück,
wenn auch von Kleist mit Ironie, augenzwinkernd und
ohne Süßlichkeit verarbeitet. Das schnelle Happy-End
nach der erklärten Ebenbürtigkeit Käthchens wäre rei-
ner Kitsch, wenn nicht die Bühneninszenierung dieses
Ritterschauspiels – das auch einmal »Die Feuerprobe«
hieß – etwas Ironie einfließen ließe.

    »Prinz Friedrich von Homburg«, das preußischste
seiner Bühnenstücke, ist Kleists letztes Werk. An keinem anderen hat er so lange gearbeitet wie an diesem,
er trug das Manuskript auf all seinen Reisen mit sich
und hat es oft verändert. Wann genau die endgültige
Fassung vorlag, ist nicht bekannt, auch ein von ihm
autorisiertes Manuskript-Exemplar ist nicht überliefert. Die erste Fassung muß schon 1810 so gut wie vollendet gewesen sein, als er sie dem Prinzen Radziwill
zur Aufführung in dessen Privattheater anbot.

    Prinz Radziwill, der bald zum Fürsten erhoben wur-
de, besaß in Litauen, Polen und Posen ausgedehnte
Ländereien, die ihm gewaltige Einkünfte einbrachten.
Er war mit der »anderen« Luise, der preußischen Prinzessin Luise Friederike, verheiratet, die fünf Jahre älter
war als er, dafür aber, wie die Berliner sagten, doppelt
so viel wie er redete. Das Ehepaar erwarb in Berlin
das ehemalige Schulenburgsche Palais, das unmittelbar neben dem Königsschloß lag. Während sich die

eine Luise in den schlimmen Zeiten um die andere Luise kümmerte, widmete sich Anton Heinrich von Radziwill seinem Privattheater, wo bei Konzerten und Aufführungen, wie ein Zeitgenosse berichtete, »die vornehme Welt mit dem Künstler und Gelehrten zusammentraf«.

Prinz Radziwill aber lehnte den »Prinz von Homburg« ab, was für Kleist doppelt enttäuschend war, denn die angebotene Fassung sollte der Königin Luise gewidmet sein und lag ihm daher besonders am Herzen.

Es geht in diesem Drama um die Schlacht bei Fehrbellin, rund fünfzig Kilometer von der preußischen Hauptstadt entfernt. Der Große Kurfürst besiegte dort 1675 ein schwedisches, von Frankreich finanziertes Heer, das die Mark Brandenburg bereits so gut wie besetzt hatte. In Kleists Stück vermischen sich tatsächliche Begebenheiten der Schlacht mit Veränderungen von Geschehnissen und Personen. Hinter »Prinz Friedrich« verbirgt sich die historische Gestalt des Prinzen Friedrich Arthur von Homburg. Der hatte in schwedischen Diensten ein Bein verloren, heiratete später eine Nichte des Großen Kurfürsten und wurde preußischer General der Kavallerie. Bei Fehrbellin hatte er tatsächlich die Vorhut geführt und noch vor dem Befehl angegriffen, was allein den Sieg möglich machte. Der Rest ist Kleist: sehr preußisch das Todesurteil wegen Ungehorsams, zuletzt aber der Sieg der Vernunft.

»Heil! Heil! Heil!«, riefen junge Offiziere
                                    [das ging damals noch]
Alle: Dem Sieger in der Schlacht bei Fehrbellin!
(*Augenblickliches Stillschweigen*)
Der Prinz von Homburg: Nein, sagt! Ist es ein Traum?
Kottwitz: Ein Traum, was sonst?
Mehrere Offiziere: Ins Feld! Ins Feld!
Graf Truchss: Zur Schlacht!
Feldmarschall: Zum Sieg! Zum Sieg!
Alle: In Staub mit allen Feinden Brandenburgs!

Pathetisch? Ganz gewiß. Und sehr selten bei Kleist.
Doch der Jubel gilt nicht etwa einer Verherrlichung des
Krieges, sondern der Begeisterung darüber, daß das
Todesurteil nicht vollstreckt wird.

Ziemlich spät, eigentlich erst zu Zeiten des »Phöbus«, entdeckt Kleist seine Liebe zur Prosa, und es gibt
viele Kleist-Liebhaber, die seine Erzählungen für seine
weitaus besten Werke halten.

Da ist »Michael Kohlhaas«, der Pferdehändler, dem
Unrecht geschieht. Er hatte seine beiden wohlgenähr-
ten Rappen bei einem Junker in dessen Burg eingestellt, und als er sie abzuholen kommt, erkennt er sie
kaum wieder: »die jämmerlichen Thiere, die alle Augenblicke sterben zu wollen scheinen«. Kohlhaas lehnt
es ab, sie in diesem Zustand zurückzunehmen. Der
Junker weigert sich, ihn zu entschädigen und das Recht
scheint auf seiner Seite zu sein. Daraufhin versucht
Kohlhaas mit »einer Truppe berittener Landsknechte«
mit Brandschatzen und Morden sich selbst Gerechtigkeit zu verschaffen. Er bekommt zwar seine Pferde ei-

»Prinz Friedrich von Homburg«,
Kreidezeichnung von Paul Heydel, 1885

nigermaßen gut genährt zurück, da aber Recht nicht
Sache des persönlichen Gefühls sein kann, sondern auf
der Anerkennung allgemeiner Regeln, die Rechte und
Pflichten der Mitglieder eines Gemeinwesens verbind-
lich begründen, beruht, verliert er seinen Kopf unter
dem Beil des Scharfrichters.

Die »Marquise von O...« dagegen hat ein Happy-
End, und einen Anfang, der zu den besten aller Novellen oder Kurzgeschichten gehört:

> In M..., einer bedeutenden Stadt im oberen Italien,
> ließ die verwitwete Marquise von O..., eine Dame
> von vortrefflichem Ruf und Mutter von mehreren
> wohlerzogenen Kindern, durch die Zeitungen be-
> kannt machen: daß sie ohne ihr Wissen, in andere
> Umstände gekommen sei, daß der Vater zu dem Kin-
> de, das sie gebären würde, sich melden solle; und
> daß sie aus Familienrücksichten entschlossen wäre,
> ihn zu heiraten.

Die Erzählung »Das Erdbeben von Chili« entsetzte den
Wiener Zensor Retzer derart, daß er 1810 vorschlug,
sämtliche Erzählungen von Kleist zu verbieten. Diesen
Wunsch erfüllte der Zensurhof mit der Bemerkung, daß
die Geschichten zwar nicht ohne Wert seien, sie aber
dennoch die unmoralischen Stellen nicht vergessen machen könnten, die im »Erdbeben von Chili« vorkämen.

Aus heutiger Sicht könnte man das Wort »unmoralisch« mit »spannend« oder »mitreißend« ersetzen,
denn die Geschichte von Jeronimo und Josephe ist bis
heute eine der spannungsreichsten und menschlichsten

HEINRICH von KLEIST-GALLERIE.

Paul Heydel inv.   1885.   Vervielfältigung vorbehalten.

Michael Kohlhaas.
Kohlhaas' Rache in der Tronkenburg.

SOPHUS WILLIAMS KUNSTVERLAG BERLIN.

»Michael Kohlhaas«,
Kreidezeichnung von Paul Heydel, 1885

der Weltliteratur. Jeronimo, der arme Hauslehrer, und Josephe, die Tochter des reichsten Edelmannes der Stadt, lieben einander. Der Vater sperrt Josephe in ein Karmelitenkloster und läßt Jeronimo ins Gefängnis werfen. Als sich herausstellt, daß sie schwanger ist, wird sie zum Feuertod verurteilt, dann aber zur Enthauptung begnadigt. Am Tag ihrer Hinrichtung will sich Jeronimo gerade im Gefängnis erhängen »als plötzlich der größte Teil der Stadt mit einem Gekrache, als ob das Firmament einstürzte, versank, und alles, was Leben athmete unter seinen Trümmern begrub«. So macht sich Jeronimo auf in die zerstörte Stadt in der Hoffnung, Josephe zu finden.

Und wirklich scheint das Schicksal es zunächst mit ihm gut zu meinen. Er entdeckt Josephe mit dem Kind, die beide unverletzt sind. In einem Dankgottesdienst, dem die drei beiwohnen, geißelt ein fanatischer Priester den sündigen Lebenswandel, über den jetzt mit der Naturkatastrophe das göttliche Strafgericht hereingebrochen sei. Es kommt zu einem schrecklichen Blutbad, in dem der aufgewiegelte Mob Jeronimo und Josephe erschlägt. Ihr kleiner Sohn aber wird durch das beherzte Eingreifen Fernandos, eines Freundes der beiden, dessen Kind ebenfalls dem Gemetzel zum Opfer fiel, gerettet. Er nimmt ihn als Pflegesohn an und versöhnlich schließt die Erzählung: »so war es ihm fast, als müßt er sich freuen«.

»Die Verlobung in San Domingo«, »Das Bettelweib von Locarno«, »Der Findling«, »Die heilige Cäcilie oder die Gewalt der Musik«, »Der Zweikampf« – Heinrich von Kleist hat ein reiches erzählerisches Werk hinter-

lassen. Seine meist im »Phöbus« oder in den »Abendblättern« veröffentlichten Schriften könnte man zu
den Delikatessen unter ihnen bezeichnen, die freund-
lichen Grübeleien über den Lauf der Welt oder das
Marionettentheater. Und seine sehr persönliche Beob-
achtung menschlichen Verhaltens: »Über die allmähliche Verfertigung der Gedanken beim Reden«. Es gab
ja manche Zeitgenossen, die Kleist als Stotterer be-
zeichneten, andere, die erkannten, daß er nur langsam
im Sprechen war, abhängig auch vom jeweiligen Gesprächspartner, er selbst nannte es die »Verfertigung
der Gedanken«:

In diesem Sinne begreife ich, von welchem Nutzen
Molière seine Magd sein konnte; denn wenn er derselben, wie er vorgibt, ein Urteil zutraute, das das
seinige berichten konnte, so ist dies eine Bescheidenheit, an deren Dasein in seiner Brust ich nicht
glaube. Es liegt ein sonderbarer Quell der Begeisterung für denjenigen, der spricht, in einem menschlichen Antlitz, das ihm gegenübersteht; und ein
Blick, der uns einen halbausgedrückten Gedanken
schon als begriffen ankündigt, schenkt uns oft den
Ausdruck für die ganze andere Hälfte desselben. Ich
glaube, daß manch großer Redner in dem Augenblick, da er den Mund aufmachte, noch nicht wußte,
was er sagen würde. Aber die Überzeugung, daß er
die ihm nötige Gedankenfülle schon aus den Umständen und der daraus resultierenden Erregung seines Gemüts schöpfen würde, machte ihn dreist genug, den Anfang auf gutes Glück hin zu setzen.

Ein gutes Glück hat es in Kleists Leben selten gegeben. Mag er kein großer Redner gewesen sein, so war er doch ein überragender Beobachter. Auf die Frage, in welchem seiner Werke man ihn selbst findet, kann es nur eine Antwort geben: in keinem.

Qualvolles Leben, wollüstiger Tod

Morgens und abends knie ich nieder, was ich nie gekonnt habe, und bete zu Gott; ich kann ihm mein Leben, das allerqualvollste, das je ein Mensch geführt hat, jetzo danken, weil er es mir durch den herrlichsten und wollüstigsten aller Tode vergütigt.«

Der 30. März 1811, das Ende der »Abendblätter«, war für Kleist der schlimmste Tag seiner an schmerzlichen Rückschlägen nicht gerade armen Laufbahn. Das Versagen als Zeitungsgründer hat er nicht verwunden. Zusätzlich verletzt hat ihn, wie seine Mitarbeiter, darunter viele persönliche Freunde, eilig und ohne ein Wort des Abschieds das Weite suchten und ihn nach dieser verlorenen Schlacht allein ließen. Die Schuld am Untergang der Zeitung schreibt er nicht sich allein zu, womit er recht gehabt haben könnte, denn es war ihm von maßgeblicher Seite nicht nur Hilfe verwehrt, sondern auch gehörig Steine in den Weg gelegt worden. Kleist empfand es als »sonderbar, wie in dieser Zeit alles, was ich unternehme, zugrunde geht, wie sich mir immer, wenn ich mich einmal entschließen kann, einen festen Schritt zu tun, der Boden unter meinen Füßen entzieht«.

Es geht ihm erbärmlicher denn je. Die wenigen Bucherscheinungen hatte er bewußt zu einem geringen Honorar, kleiner als nötig gewesen wäre, den Verlegern überlassen. Wichtiger war ihm, daß seine literarischen Arbeiten erschienen und möglichst viele Leser erreichten, auch fühlte er sich abgesichert durch das Gehalt des Chefredakteurs. Er reichte eine Klage auf Entschädigung für die »Berliner Abendblätter« ein, die, wie man ihm zusichert, bearbeitet würde, aber wann immer er sich nach dem Stand der Untersuchung erkundigt, trifft er keinen der damit betrauten Beamten an. Von der Familie kann er nichts mehr erwarten, da deren Erbschaften so gut wie verbraucht sind. Ulrike ist für längere Zeit verreist und die letzten Freunde sind verschwunden.

Noch einmal versucht er, zumindest seine militärische Laufbahn fortzusetzen. Der Krieg, der eines Tages als Befreiungskrieg beginnen wird, rückt spürbar näher. Zuerst wendet er sich an den Kern-Reformator, den Reichsfreiherrn vom und zum Stein, doch der ist nicht erreichbar. Er richtet sein Ersuchen an Friedrich Wilhelm III., an den Kanzler Hardenberg und an Neidhardt von Gneisenau, den Helden von Kolberg. Von allen wird er freundlich empfangen, aber sein Wunsch nach Wiedereinstellung wird abschlägig beschieden. Obwohl er sich erinnert, daß sowohl der König als auch Hardenberg ihm einst fest versprochen hatten, daß er nach geraumer Zeit wieder als Leutnant in das preußische Heer eingegliedert werden könne. Er erwägt sogar, den General und Politiker Friedrich August Ludwig von der Marwitz aufzusuchen, bedenkt aber rechtzeitig, daß er von diesem Erzkonservativen, der noch dazu Stein und Hardenberg heftig bekämpft hat, keine Hilfe erwarten kann.

Es ist Marie von Kleist, die jetzt eingreift. Sie sieht, in welcher Not sich der Vetter befindet, scheut sich aber, ihm direkt Geld zu geben oder seine Schulden zu bezahlen. Vielmehr sucht sie Prinz Wilhelm auf, den zweiten Sohn des Königs, der später – widerstrebend – deutscher Kaiser werden wird. Sie berichtet ihm von der Pension, die Königin Luise Kleist habe zukommen lassen und mit deren Tod erloschen sei. Sie überreicht Prinz Wilhelm eine Abschrift des »Prinz von Homburg« und hofft, ihn zur Wiederaufnahme der Pensionszahlung überreden zu können oder zumindest dazu, daß sie selbst unter seinem Namen die Gelder anweisen darf. Was ihr aber beides nicht gelingt. Es muß ihr trotzdem ein Ausweg eingefallen sein, Kleist hätte sonst die letzten Monate des Jahres 1811 nicht überstanden. Er bedankt sich in einem Brief und zum ersten Mal mit einem liebevollen »Du«.

Marie von Kleist unternimmt einen weiteren Bittgang und sucht, im Namen ihrer verstorbenen Freundin, der Königin Luise, Friedrich Wilhelm III. auf. Sie schildert die Notlage des »armen Heinrich Kleist« und dessen Stolz, der es ihr verwehrt, ihn von sich aus offen zu unterstützen. Ihr wird es zu verdanken sein, daß Kleist tatsächlich am 11. September einen Brief von Prinz Wilhelm erhält, in dem ihm mitgeteilt wird, daß seine Wiedereinstellung in das Heer vorgemerkt, wenn auch noch nicht in allen Einzelheiten geregelt sei. In vorschnellem Optimismus schreibt er an Ulrike, die nach langer Abwesenheit wieder in Frankfurt weilt, er habe die Zusicherung erhalten, im Falle eines Krieges unverzüglich eingestellt zu werden. Und fügt zuversichtlich hinzu: »Ich werde entweder unmittelbar bei ihm Adjutant werden oder eine eigene Kompanie erhalten.«

Für die zu diesem Zweck erforderliche Anschaffung einer Offiziersausstattung setzt er wieder einmal auf Ulrike. Und so macht er sich auf nach Frankfurt an der Oder – es wird seine letzte Reise dorthin sein.

Das Wiedersehen der Geschwister verläuft leicht dramatisch: Beim Anblick des verhärmt und geradezu verkommen wirkenden Bruders fängt Ulrike laut an zu schreien. Und Heinrich wird von einem Weinkrampf geschüttelt. Später, als die übrigen in Frankfurt lebenden Familienangehörigen zusammenkommen, wird es noch unerfreulicher. Über Heinrich ergießt sich eine Welle der Kritik, die nicht einmal vor Beschimpfungen haltmacht und in dem Vorwurf gipfelt, er, der mißratene Offizier, habe ihren Namen in den Schmutz gezogen.

Ulrike gegenüber hat er sich etwas später zu dieser Familienzusammenkunft dahingehend geäußert, daß er »lieber zehnmal den Tod erleiden« als so etwas noch einmal mitmachen wolle. »Mich von ihnen als ein ganz nichtsnutziges Glied der menschlichen Gesellschaft, das keiner Teilnahme mehr wert sei, betrachtet zu sehn, ist mir überaus schmerzhaft.«

Am 9. November 1811 berichtet er in einem Brief an Marie von Kleist – wiederum mit dem sehr persönlichen »Du« – ausführlicher davon und deutet Konsequenzen an, die er nach diesem Verdammungsurteil

aus seinem bisherigen Leben zu ziehen bereit sei. Am
Schluß schreibt er: »Du bist die Allereinzige auf Erden,
die ich jenseits wieder zu sehen wünsche ... Ich habe
dich während deiner Abwesenheit in Berlin gegen eine
andere Freundin vertauscht; aber wenn dich das trösten kann, nicht gegen eine, die mit mir leben, sondern,
die im Gefühl, daß ich ihr eben so wenig treu sein
würde wie dir, mit mir sterben will.«

Es ist dies das erste Mal, daß Kleist einem Mitglied
seiner Familie mitteilt, daß er seinem Leben ein Ende
setzen will. Manche Quellen vermuten, daß er diesen
Brief nicht abgeschickt hat, was aber nicht bewiesen
werden kann.

Die Freundin, von der er Marie von Kleist schreibt,
heißt Henriette Vogel. Sie ist gleichaltrig mit Heinrich
und mit einem Rechnungsführer der Berliner Land-
schaftskasse verheiratet. Die beiden hatten sich im November des Vorjahres bei der Taufe der kleinen Cäcilie,
der Tochter von Adam Müller kennengelernt, einem
gesellschaftlichen Ereignis, bei dem viel Berliner Kul-
turprominenz anwesend war, darunter der Architekt
Carl Ferdinand Langhans, der Dichter Achim von Arnim und Friedrich von Pfuel, der Bruder des Kleist-
Freundes Ernst von Pfuel.

Es ist oft vermutet worden, daß Henriette Vogel die
Geliebte Heinrich von Kleists gewesen sei. Warum aber
hätten sie das angesichts des baldigen Todes verschwie-
gen, warum hätten sie lügen sollen? Sie suchte ebensowenig eine Liebschaft wie er eine Geliebte. Henriette
Vogel leidet an Unterleibskrebs, und Heinrich von Kleist
leidet an der Welt und an der Gesellschaft. Beide sind

Henriette Vogel

davon überzeugt, daß ein Weiterleben schwerer zu er-
tragen ist als der Tod. Und beide verbindet eine romantische und zugleich gefährliche Mystik. Sie treffen sich
zu langen Gesprächen, die bald zu einer in allen Einzelheiten festgelegten Vorbereitung auf den gemeinsamen Tod führen, bis schließlich – auch das typisch
für Kleist – ein genau ausgearbeiteter Plan vorliegt, wie
für eine Reise oder eine Schlacht.

Tage- und nächtelang schreiben sie Abschiedsbriefe,
sie ordnen ihre Habe in Koffern, die sie abschließen
und die Schlüssel per Post an die neuen Besitzer schik-
ken. Sie bezahlen die letzten offenen Rechnungen, was
bei Henriette Vogel glatt vonstatten geht, während es
Kleist einige Schwierigkeiten bereitet. Er bittet ein paar
enge Freunde, bestimmte Personen in seinem Namen

mit einem Geschenk aus seinem Nachlaß zu bedenken –, der Quartiermeister Müller etwa soll sein schwarzledernes Felleisen erhalten und die, denen er noch etwas schuldet, andere persönliche Dinge, »mit Ausnahme der Sachen, die etwa zu meiner Bestattung gebraucht werden möchten«.

Der 20. November 1811 ist ein kalter Wintertag, ein Mittwoch. Zwischen zwei und drei Uhr nachmittags bestellen Henriette Vogel und Heinrich von Kleist einen Lohnkutscher, der sie zum Kleinen Wannsee hinausfahren soll. Dort mieten sie im Gasthof von Johann Friedrich Stimming zwei Zimmer im oberen Stockwerk und bitten den Wirt, für den folgenden Tag zwei weitere Zimmer bereitzuhalten, sie erwarteten zwei Freunde. Damit sind Henriettes Mann und dessen enger Freund Peguilhen gemeint, die am nächsten Tag nach dem Erhalt der Abschiedsbriefe an den Ort der schrecklichen Tat kommen werden. Der Freund sollte dem Witwer über Schmerz und Entsetzen hinweghelfen.

Henriette Vogel und Kleist selbst wirken heiter und unbeschwert. Sie lachen viel, scherzen mit der Wirtin, legen sogar ein kleines Spiel auf der Kegelbahn ein. Sie trinken Kaffee und machen vor dem Abendessen noch einen kleinen Spaziergang zu einem Hügel am See. Später schreiben sie weitere Abschiedsbriefe, Heinrich, dem bewußt wird, daß er Ulrike, die ihm zeit seines Lebens nach Möglichkeit Beistand leistete, in letzter Zeit etwas vernachlässigt hat, schreibt ihr: »Wirklich, du hast mir getan, ich sage nicht, was in Kräften einer Schwester, sondern in Kräften eines Menschen stand, um mich zu retten. Die Wahrheit ist, daß mir auf Erden nicht zu helfen war. Und nun lebe wohl; möge dir der Himmel einen Tod schenken, nur halb an Freude und unaussprechlicher Heiterkeit dem meinigen gleich . . .«

Sie schreiben lange in dieser Nacht, dazwischen hört man sie miteinander reden und lachen, um vier Uhr früh bestellen sie noch einmal Kaffee und sind dann ab sieben Uhr wieder auf. Sie wirken weiterhin gelöst und ruhig, abgesehen von einer leichten Unruhe, die sie nach Aussage der Wirtsleute in Erwartung des Boten befällt, der ihre Briefe abholen kommt, und auch fragen sie besorgt, wie lange es dauern würde, bis ihre Nachrichten bei dem Adressaten eintreffen. Ein Mittagessen lehnen sie ab, bestellen statt dessen am frühen Nachmittag wieder Kaffee und dazu für 8 Groschen Rum, den sie auf dem kleinen Hügel am See trinken wollen. Der 21. November ist ein noch frostigerer Tag als der vorige, doch die Wirtin stellt einen kleinen Klapptisch und zwei Stühle an der gewünschten Stelle auf und die beiden folgen ihr, Henriette Vogel mit einem Korb am Arm, in dem sich, unter einer Decke verborgen, die Pistolen befinden. Das Paar scheint bester Laune zu sein, zwischen Kaffee und Rum vergnügen sie sich damit, Steinchen ins Wasser zu werfen, man hört ihr fröhliches Rufen und Scherzen.

So erschrickt die Frau eines Tagelöhners, die ganz in der Nähe in einer Scheune arbeitet, nicht sonderlich, als sie einen Schuß hört. Im nahen Wald wird öfter geschossen, entweder von dem Jagdpächter oder von Wilddieben. Erst als ein zweiter Schuß fällt – Heinrich von Kleist hat mit einem Pistolenschuß durch den

Kleists Abschiedsbrief an
Ulrike von Kleist

Mund seinem Leben ein Ende gesetzt – wird sie mißtrauisch und holt ihren Mann.

Der findet die beiden in einer Grube und berichtet in
einer der vielen nachfolgenden polizeilichen Untersu-
chungen: »Die Dame hintenüber, auf dem Rücken lie-
gend, die Mannsperson aber mit dem Unterkörper etwas eingesunken und mit dem Kopf neben der rechten
Lende der Dame auf dem Wall der Grube. Seine Hände
lagen auf seinen Knien und ein kleines Pistol zu seinen
Füßen in der Grube. Ein großes Pistol lag auf dem
Rand der Grube zu seiner linken Hand und ein drittes
kleines Pistol auf dem Tisch ungefähr 8 Schritt von den
Leichnamen ...«

Der Doppelselbstmord des Dichters mit einer bis
dahin unbekannten, jedenfalls nicht zu seinem engeren
Kreis gehörenden Frau erregte Aufsehen nicht nur in
Berlin, sondern im ganzen Land.

Die beiden wurden an der Stelle ihres Freitodes gemeinsam begraben. Wer das veranlaßte, ist nie bekannt
geworden, obwohl die Polizeiakten des Falles erhalten
blieben und in der ganzen damaligen deutschsprachigen Presse ausführlich behandelt wurden. Es kann
aus Ehrfurcht vor den Toten geschehen sein, vielleicht
auch aufgrund der damals noch gültigen Bestimmung,
Selbstmörder außerhalb der Friedhofsmauern beizu-
setzen.

Später wurde ein kleiner Grabstein gesetzt, darauf
Name und Daten Heinrich von Kleists und die Auf-
schrift:

Er lebte lang und litt
in trüber, schwerer Zeit,
er suchte hier den Tod
und fand Unsterblichkeit.

Ob die Zeile »er lebte lang« für einen so früh Vollen-
deten passend erscheint, mag dahingestellt bleiben,
viele Jahre später hat man der Grabschrift ein Zitat aus
dem »Prinz von Homburg« hinzugefügt

»Nun, o Unsterblichkeit, bist du ganz mein.«

Im April 1812 wandte sich E. T. A. Hoffmann in einem
Brief an seinen Freund, den Verleger, Schriftsteller
und Kriminalisten Julius Eduard Hitzig, und schrieb:
»Noch einmal komme ich auf den herrlichen Kleist
zurück, um Sie zu bitten mir einiges über seinen he-

Kleists Grabstein am Wannsee bei Berlin

roischen Untergang zu sagen; das dumme Geschwätz in öffentlichen Blättern von Leuten, die vor einem Strahl von Kleists Genius in die erbärmliche Nußschale, die sie für einen Palast mit sieben Türmen ansehen, sich verkrochen hätten, dieses dumme Gerede hat mich überaus angeekelt, und schon damals wollte ich mich an Sie, mein lieber Freund, wenden um etwas Rechtes vom Rechten zu hören, doch es unterblieb wie vieles.«

Ein herrlicher Dichter und Literat im Leben, ein Heros im Angesicht des Todes. Man kann Kleist auch so sehen.

Das Nachleben

Die Nachricht von Mord und Selbstmord Heinrich von Kleists erregt besonderes Aufsehen in den Städten Berlin und Dresden, in denen er zumeist gelebt und geschrieben hat. Der Dichter aus der Offiziersfamilie wird in Berlin vielfach betrauert, die Dresdner verweisen, offen oder in Andeutungen, auf eine Mitschuld der preußischen Hauptstadt. Tief betroffen ist die literarische Gesellschaft Berlins. So schreibt Rahel Varnhagen in einem Brief vom 23. November 1811: »Sonnabend Vormittag halb 12 Uhr – Gestern aber hätte ich Ihnen doch geschrieben, wenn mich nicht Heinrich Kleists Tod so sehr eingenommen hätte. Es läßt sich, wo das Leben aus ist, niemals etwas darüber sagen; von Kleist befremdet mich die Tat nicht; es ging streng in ihm her, er war wahrhaft und litt viel. Wir haben nie über Tod und Selbstmord gesprochen, – Sie wissen, wie ich über Mord an uns selbst denke: wie Sie! Und niemals hör ich dergleichen, ohne mich der Tat zu freuen ... Ich freue mich, daß mein edler Freund – denn Freund ruf ich ihm bitter und mit Tränen nach – das Unwürdige nicht duldete: gelitten hat er genug ... Ich weiß von seinem Tode nichts, als daß er eine Frau und dann sich erschossen hat. Es ist und bleibt ein Mut. Wer verließe nicht das abgetragene, inkorrigible Leben, wenn er die dunklen Möglichkeiten nicht noch mehr fürchtete ...«

In der »Leipziger Fama« vom 6. Dezember 1811 liest man: »In der Berliner Zeitung findet sich eine Anzeige von dem neulich gemeldeten Selbstmorde Heinrich v. Kleist und seiner Geliebten, worin mit nicht wenig Selbstgefälligkeit und nicht ohne Mitleid auf die gemeinen Naturen herabgeblickt wird, die nicht das Glück haben, in solchen offenbaren und schändlichen Verbrechen, die nur durch Wahnsinn oder Verrücktheit entschuldigt werden können, etwas Höheres, wohl gar Göttliches zu finden. Auch diese Anzeige enthält den traurigen Beweis, wie so mancher unserer Zeitgenossen sich das Ansehen eines vorzüglichern Geistes, den man nicht mit dem gewöhnlichen Maßstabe messen dürfe, durch das tolle Bestreben zu geben sucht, daß er der Vernunft und der ewigen Ordnung der Dinge öffentlich Hohn spricht, und bald das Heilige in Unheiliges, bald wieder das Unheilige in Heiliges so frech als gewaltsam verdreht und verzerrt.«

Das sind zwei Meinungen im vorsichtigen, aber auch pathetischen Sprachfluß des ausgehenden 18. Jahrhunderts. Zwei Äußerungen zum Tod eines Dichters, der nur vierunddreißig Jahre alt geworden ist, und dessen Selbstmord damals wie heute mit Verständnis oder mit Ablehnung begegnet wird. Rahel Varnhagen bewundert seinen Mut, andere empören sich über sein Beharren auf einer bedingungslosen Freiheit. Seine Halbschwester Ulrike hatte diesen Wesenszug zu Anfang vielversprechend für seine Lebensführung gehalten, später führte er zu Unfrieden zwischen ihnen.

Ulrike überlebte ihn übrigens um knapp vier Jahrzehnte, sie starb 1849 in Frankfurt an der Oder, Heinrichs Geburtsort. Selbst kinderlos, erzog sie eine ganze Reihe von Nichten, denen sie viel von ihrem Lieblingsbruder erzählte und mit denen sie auch einmal in die Schweiz fuhr, um ihnen das kleine Haus auf der Aare-Insel zu zeigen, in dem er eine Zeitlang gelebt hatte.

Um das eigentliche Nachleben, den Nachlaß, kümmert sich ein Kleist-Verehrer: der aus Berlin stammende Dichter Ludwig Tieck. Selbst ein unglaublich fleißiger Literat, schreibt er Märchen und Stücke für die Bühnen des Landes, Romane, Shakespeare-Übersetzungen, ist eine Weile Dramaturg in Dresden und übersetzt den »Don Quixote« aus dem Spanischen. In Jena gehört er zum Kreis der Frühromantiker.

Nun ordnet, sichtet und sammelt er alles, was Kleist hinterlassen hat, was oft nicht ganz einfach ist, denn vieles darunter hatte Kleist mehrmals verändert oder auch verworfen. Tieck muß sich mancher Anfeindungen erwehren, die ihm vorhalten, Kleist nur flüchtig gekannt zu haben, aber da werden Neid und Eifersucht mitgespielt haben. Denn es gibt viele Nachlaß-Herausgeber, die »ihren« Autor gar nicht gekannt hatten und dessen Werk vortrefflich zusammenbrachten.

Tieck war so mutig, den »Prinz von Homburg« gegen den Willen des preußischen Hofes zu veröffentlichen. Zehn Jahre nach Kleists Tod hatte er den Nachlaß zusammen und konnte nach weiteren fünf Jahren die »Gesammelten Werke« herausbringen.

Zu allen Zeiten gab und gibt es Positives und auch Negatives, das diesen Untoten, der sich selbst getötet hat, lebendig hält. Kleist-Verehrer ärgert es, daß die Stücke Schillers auf deutschen Bühnen häufiger gespielt werden als die von Kleist, andere wundert, daß zwar die Franzosen ihn vorzüglich in ihre Sprache übersetzt haben, die Engländer dagegen bis heute nichts mit ihm anfangen können. Einer der vielseitigsten Dichter deutscher Sprache bleibt ein Phänomen.

Bibliographie

Heinrich von Kleist: Sämtliche Werke, herausgegeben von Eduard Grisebach, Leipzig 1883

Helmut Sembdner (Hrsg.): Heinrich von Kleists Nachruhm/Eine Wirkungsgeschichte in Dokumenten, München 1996

Gerhard Wolf (Hrsg. und Nachwort): Ewald Christian von Kleist »Ihn foltert Schwermut, weil er lebt«, Berlin (DDR) 1982

Dr. Stefan Schank (Hrsg.): Die besten Anekdoten, Lechner Publishing, Limassol 1998

A. F. C. Vilmar: Geschichte der Deutschen National-Literatur, bearbeitet und fortgesetzt von Johannes Rohr, Berlin 1936

Hellmuth Karasek: Ein deutscher Held und seine Thusnelda, »Der Spiegel«, 1982

Paul Böckmann: Heinrich von Kleist, Band 2, Die großen Deutschen, Gütersloh 1978

Curt Hohoff: Kleist, Hamburg März 1958, 1999

Peter Staengle: Heinrich von Kleist, Deutscher Taschenbuch Verlag, München 1998

Peter Fischer: Heinrich von Kleist, Preußische Köpfe, Stapp-Verlag Berlin, 1982

Eberhard Siebert (Hrsg.): Heinrich von Kleist – Leben und Werk im Bild, Frankfurt am Main 1980

Dieter Struss: Deutsche Romantik. Geschichte einer Epoche, Gütersloh 1986

Bernhard von Gersdorf: Ernst von Pfuel, Berlin 1981

Heinrich Bock/Viia Ottenbacher: Wieland in Bildern, Biberach 1998

BIBLIOGRAPHIE

Einzelausgaben mit Texten in neuer Rechtschreibung mit Anmerkun-
gen und Biographien:
Prinz Friedrich von Homburg (Anm. Bernd Hamacher), Stuttgart
2001
Robert Guiskard (Anm. Wolfgang Goether), Stuttgart 1953
Der zerbrochne Krug (Anm. Helmut Sembdner), Stuttgart 2001
Die Hermannsschlacht (Anm. Helmut Sembdner), Stuttgart 1963
Die Marquise von O., Erdbeben in Chili (H. Sembdner), 1984
Zweikampf, Cäcilie, Anekdoten, Prosa (H. Sembdner), 1989

Personenregister

Bildnachweis

Der Verlag hat sich bemüht, sämtliche Rechteinhaber ausfindig zu machen. In einigen Fällen ist dies leider nicht gelungen. Für Hinweise sind wir dankbar.

PIPER

Heinz Ohff
Theodor Fontane

Leben und Werk. 463 Seiten mit 26 Fotos. Serie Piper

Die deutsche Literatur hat in der zweiten Hälfte des
19. Jahrhunderts nur einen Romancier von Weltrang hervorgebracht: Theodor Fontane. Er allein kann einem Balzac,
Dickens, Flaubert oder Tolstoi ebenbürtig genannt werden,
vor allem mit seinen beiden Meisterwerken »Effi Briest« und
»Der Stechlin«. Fontane war alles andere als ein Genie:
Sein Erfolg beruhte auf Fleiß, Beharrlichkeit und einem
subtilen Gespür für die Tendenzen seiner Epoche. Wie
schon in seinen erfolgreichen Biographien über Königin Luise
von Preußen und Fürst Pückler-Muskau gelingt es Heinz
Ohff auch hier, eine Gestalt in ihrem ganzen Facettenreichtum
lebendig werden zu lassen.

01/1256/01/R

PIPER

Melania G. Mazzucco

Die so Geliebte

Roman um Annemarie Schwarzenbach. Aus dem Italienischen
von Gesa Schröder. 543 Seiten. Serie Piper

»Alles an ihr war außergewöhnlich, selten und edel; alles, was
mit ihr in Berührung kam, wurde sofort kostbar und be-
gehrenswert in den Augen der anderen.« Mit diesen Worten
beschreibt ein junger Verehrer Annemarie Schwarzenbach,
eine der schillerndsten Figuren der mondän-intellektuellen
Welt der dreißiger Jahre. Sie entstammte einer reichen
Schweizer Industriellendynastie, war von androgyner Schönheit, verzauberte Männer wie Frauen, zählte Klaus und
Erika Mann zu ihren engsten Freunden, war Photographin
und Schriftstellerin. Und doch schien sie immer auf der
Flucht vor sich selbst, getrieben von der Sehnsucht nach Liebe.
Einfühlsam rekonstruiert Melania G. Mazzucco das Leben
dieser außergewöhnlichen Frau: ihre Jugend, ihre schwierige
Beziehung zur Mutter, ihre Reisen nach Persien, in die USA
und den Kongo, ihre Scheinehe mit einem Diplomaten und
ihren tragischen Tod 1942, mit nur 34 Jahren.
Das Porträt einer unvergeßlichen Frauengestalt und einer kos-
mopolitischen Gesellschaft, vor der sich der Abgrund des
Nationalsozialismus auftat.

01/1253/02/R

PIPER

Thea Leitner
Habsburgs Goldene Bräute

Durch Mitgift zur Macht. 240 Seiten mit 14 Abbildungen.
Serie Piper

Wir kennen Karl V. als Herrscher, in dessen Reich die Sonne
nicht unterging, und seinen ebenso berühmten Sohn Philipp II. Wir wissen von schrecklichen Kriegen und glanzvollen
Eroberungen dieser Regenten, aber so gut wie nichts über
ihr Privatleben. Dabei wurde ihre Macht zumeist durch
strategisch kluge Heiraten mit einflussreichen Frauen von
königlichem und vermögendem Geblüt herbeigeführt. Thea
Leitner zeichnet ein detailliertes Bild der Frauen, die Gold
und Macht in das Haus Habsburg gebracht haben: Maria von
Burgund und Bianca Maria Sforza, die beiden Ehefrauen
von Kaiser Maximilian I., Johanna, die angeblich Wahnsin-
nige, die Maximilians Sohn Philipp den Schönen heiratete,
und schließlich Maria Tudor, die als »die Blutige« in die
Geschichte einging, die Gemahlin Philipps II. Anschaulich,
kurzweilig und mitreißend erzählt Thea Leitner Geschichten
von Machtkämpfen und Intrigen, von Liebe und finsterem
Verrat.

01/1377/01/R

PIPER

Friedrich Weissensteiner
Große Herrscher des
Hauses Habsburg

700 Jahre europäische Geschichte. 380 Seiten mit zahlreichen Abbildungen. Serie Piper

Was wäre die europäische Geschichte ohne farbige Persön-
lichkeiten wie den »letzten Ritter«, Maximilian I., Kaiser
Karl V., in dessen Reich die Sonne nicht unterging. Maria
Theresia, die große Gegenspielerin Friedrichs II. von Preußen oder Franz Joseph, fast 70 Jahre lang Kaiser von Öster-
reich-Ungarn? Sie alle entstammen derselben Herrschafts-
dynastie, die die Geschichte Europas über sieben Jahrhunderte bestimmt hatte wie keine andere: den Habsburgern.
Weissensteiner, ein profilierter Kenner der österreichischen
Geschichte, porträtiert die bedeutendsten, faszinierendsten
Regenten aus dem Hause Habsburg, und führt so den Leser
vom Spätmittelalter bis zum 20. Jahrhundert. Weissensteiner beschreibt nicht nur die Politik des jeweiligen Herr-
schers; ihn interessiert ebensosehr die Persönlichkeit, der
Mensch auf dem Thron. Ihm ist es so gelungen, eine biogra-
phische Geschichte und Kulturgeschichte der Habsburger zu
schreiben, so abwechslungsreich, farbig und faszinierend
wie die Geschichte selbst.

01/1126/01/R

PIPER

Erika Bestenreiner
Luise von Toscana

Skandal am Königshof. 328 Seiten mit 9 Schwarzweiß-
fotos. Serie Piper

Luise von Toscana, der 1870 geborenen Erzherzogin von
Österreich, scheint ein glanzvolles Leben bevorzustehen.
Als Habsburgerin ist sie eine begehrte Partie auf dem
Heiratsmarkt des europäischen Hochadels. Sie entscheidet
sich unter verschiedenen Bewerbern für Prinz Friedrich
August aus dem Haus der Wettiner, den zukünftigen König
von Sachsen. Doch nach der Heirat 1898 beginnt das
Drama: Der sächsische Hof nimmt die Kronprinzessin
feindlich auf, Intrigen über Intrigen vergiften ihr Leben.
Beim Volk ist sie populär, was sie dem Hof noch verdäch-
tiger macht. In dieser Situation begegnet sie einem Mann,
den sie für ihre große Liebe hält und für den sie alles aufzu-
geben bereit ist: Thron, Mann und vor allem ihre Kinder ...
Das fesselnde Drama am Königshof, erzählt wie ein
Roman, aber doch genau nach den Quellen.

01/1009/01/R